# 알렉산드로스

## 헬레니즘 문명의 전파

# 차례

Contents

# 영웅의 탄생과 성장

## 위대함을 추구한 한 인간과 미완의 세계정복

역사에 나타난 알렉산드로스 대왕은 그리스인과 로마인에게는 영웅이었으며 아랍인에게는 예언자였다. 그는 자신이 정복한 지역에서 신화적인 존재가 되어 그들의 이야기 속에 살아남았다. 알렉산드로스는 10년에 걸친 원정 기간 동안 지구 둘레와 거의 맞먹는 3만 5천 킬로미터의 거리를 답파했다. 그의 정복 사업은 약탈과 파괴를 가져오기도 하였지만 동시에 엄청난 역사적 동력을 창출해냈다. 그의 원정으로 동양과 서양, 유럽과 아시아가 이어졌고 새로운 역사적 변화의 토대가 만들어진 것이다.

그리스, 이집트, 유대, 페르시아, 인도에 이르는 거대한 이질적 세계가 그의 원정으로 하나의 문화적 코드로 통합될 수 있었다. 기독교 세계와 아랍 문명권을 막론하고 정복지의 시골 오지 마을에까지 그는 자신의 흔적을 남겼다. 오늘날 우리는 그리스와 터키의 그림자 연극이나 테헤란의 카페 만담꾼에서부터 멀리 중앙아시아의 방랑 시인의 노래 속에서도 그의 자취를 찾을 수 있다.

알렉산드로스의 끝없는 정복욕의 밑바탕에는 자신이 신들로부터 신성한 운명을 부여받았다는 선민의식과 신과의 교감이 늘 자리하고 있었다. 그는 위대한 영웅의 운명을 받아들이고 초인적인 업적을 달성함으로써 종국에는 스스로 신이 되고자 하였다. 이 책은 위대함을 추구한 한 인간의 삶과 미완의 세계정복에 대하여 쓴 작은 기록이다.

## 탄생의 배경

### 필리포스 2세

알렉산드로스의 아버지인 필리포스 2세는 기원전 359년 33세에 마케도니아의 왕으로 즉위하였다. 이 시기의 고대 그리스 세계는 고전 문명이 쇠퇴하면서 여러 도시국가들이 주도권을 다투던 혼란한 시기였다. 필리포스는 왕으로 즉위하기 전 젊은 시절에 그리스의 강국이었던 테베에 3년간 볼모로 가 있었다. 당시 테베를 이끌던 에파미논다스는 기원전 371년 그리스의 강자인 스파르타를 레욱트라 전투에서 격파해 세계 전사에 이름을 남긴 뛰어난 장군이었다. 마케도니아의 왕자였던 필리포스는 테베에 있는 동안 그의 곁에서 그리스의 선진적인 문화와 전술학을 배웠다.

필리포스 2세의 두상이 새겨진 황금메달.

고국에 돌아온 필리포스가 왕이 되어 가장 먼저 착수한 것이 군사개혁이다. 그는 테베에서의 배움을 토대로 최강의 군사력을 길러내는 데 성공한다. 기병과 궁수들을 전문적으로 훈련시키고, 보병 역시 그리스식 밀집 방진대[1]를 도입하여 장창과 단검으로 무장시켰다. 그의 휘하에서 엄격한 훈련을 받은 마케도니아의 군대는 강력한 정예 직업군대로 거듭나게 되었다. 필리포스는 트라키아 국경의 판가이오스 산에 있는 금광을 무력으로 탈취하여 가난했던 마케도니아의 경제적 기반을 탄탄하게 하였을 뿐만 아니라 군사력 강화에도 이용하였다. 필리포스는 그리스에서 교육을 받아 아테네식 교양을 몸에 지니고 있으면서도 거칠고 혈기 넘치는 육체적 정열을 지닌 야심 많은 사람이었다. 그는 마케도니아 영토의 확장이라는 목적을 달성하기 위해 쉬지 않고 주변 지역을 정벌하였다.

## 올림피아스

올림피아스.

필리포스는 에피루스의 왕녀와 결혼하였는데 그녀가 바로 알렉산드로스의 어머니 올림피아스이다.[2] 고대의 저작에는 에피루스의 여자들이 언제나 오르페우스와 디오니소스의 광적인 제사 의식에 열중하고 있었다고 묘사되는데, 올림피아스 역시 그러한 의식에 깊이 빠져 있었던 것으로 추정된다. 그녀는 지극한 종교적 열의와 방종함을 지녔을 뿐만 아니라 뱀을 능수능란하게 잘 다루었다고 알려져 있으며, 과격하고 질투가 많은 성격으로 묘사되고 있다. 알렉산드로스에게는 이러한 부모의 성격이 모두 나타나고 있다. 그는 아버지를 닮아 무자비하고 현실적인 정치인으로서의 면모를 지니고 있었으며, 다혈질적인 기질 그리고 신탁이나 예언 같은 신비주의에 크게 의존하는 모습 등은 어머니에게서 물려받은 것이다.

## 탄생 이야기

기원전 356년 11월 올림피아스는 폭풍이 미친 듯이 불어닥치고 천둥 번개를 수반한 비가 억수같이 퍼붓는 날에 알렉산드로스를 낳았다. 당시 필리포스는 군사상의 이유로 수도인 펠라를 떠나 있었다. 알렉산드로스가 출생한 바로 그날, 소아시아의 에페수스(Ephesus)에 있는 아르테미스 여신의 대신전이 화재로 타버렸다는 급보가 날아들었다. 이는 오리엔트에 치명적인 하나의 세력이 출현할 징조로 해석되었는데, 에페수스의 신관들은 '이날 세상의 어느 곳에서 후일 전 동방을 불태울 하나의 횃불이 켜졌다'고 예언하였다.

올림피아스는 자신의 입으로 공공연히 자신의 아들 알렉산드로스가 제우스 신의 아들이라는 암시를 내뱉었다. 전설적인 이야기에 의하면 제우스를 상징하는 번개가 그녀를 향해 내리치는 꿈을 꾸고 알렉산드로스를 가졌다고도 하고 제우스가 뱀의 모습으로 그녀에게 와서 알렉산드로스를 임신하게 되었다고도 한다. 이는 알렉산드로스의 명목상의 아버지는 필리포스이지만 실제로는 그가 제우스의 아들임을 주장하는 것이다. 현재의 우리로서는 이해하기 힘든 부분이지만 신비주의와 주술에 빠져 있던 당시의 사람들에게 이러한 사고방식은 얼마든지 가능하였다.

올림피아스가 마케도니아에 시집왔을 때, 실제로 그녀는 잘 기른 뱀을 한 마리 가지고 왔다. 그녀는 뱀을 신성한 동물로 여겨 숭상하고 있었다.[3] 플루타르코스의 전승에 의하면 어느 날 밤 필리포스는 그녀가 뱀을 잠자리에 넣는 것을 보고 너무나 두려워 그녀에 대한 사랑이 식어버렸다고 한다. 그 이후로 그는 처의 침실에 들어가기 전에 방 안에 뱀이 있는지를 확인하기 위하여 언제나 문틈으로 들여다보는 습관이 생겼다. 어느 날 그는 올림피아스가 뱀과 지극히 괴상한 행동을 하는 것을 실제로 보게 되었다. 이후 그는 전투 중 메토네(Methone)인들이 쏜 화살에 맞아 한쪽 눈을 잃게 되는데, 사람들은 그가 인간으로서 보아서는 안 될 것을 보았기 때문에 이러한 불행한 일이 일어났다고 몰래 수군거렸다. 이 일에 대해 필리포스는 자신의 한쪽 눈을 강대한 권력과 맞바꾼 것으로 해석하였다고 한다. 알렉산드로스의 부모는 평탄치 못한 결혼 생활을 지속했는데, 이는 둘의 성격 차이가 매우 컸던 것 외에 필리포스의 바람기에도 그 원인이 있었다.

## 성장기

### 어린 시절의 교육

가문이 좋은 사내아이들은 태어나서 7년째 되는 해부터 가정교사의 시중을 받는 것이 보통이었다. 알렉산드로스의 경우는 올림피아스의 친척인 레오니다스가 한동안 그 직분을 맡게 되었다. 레오니다스는 엄격하고 예의범절을 중히 여기는 사람이었다. 그는 근면과 검소한 생활이야말로 과도하게 발산되는 젊은이의 열을 식히는 가장 좋은 약이라 믿었다. 스승은 사치와 게으름을 철저히 경계하였으며 어린 알렉산드로스에게 화려한 음식을 멀리하고 소식(小食)을 하도록 가르쳤다. 소박한 음식도 달게 먹도록 아침에는 산책을 시켰고, 저녁식사를 맛

있게 먹도록 아침식사를 가볍게 마련하였다.

그는 만사에 검약과 사양(辭讓)을 강조하여 왕자가 제사에서 향을 낭비하는 것을 보고 심하게 꾸중을 하기도 했다. 그래서 후일 알렉산드로스가 향료가 풍부한 티루스 원정에 성공하였을 때 스승 레오니다스에게 이제는 향료를 마음껏 쓸 수 있다는 말을 전했다는 일화도 있다. 이처럼 레오니다스의 교육은 왕자의 낭비벽을 누르고 절제를 중요시하는 습성을 기르는데 유익한 바탕이 되었다.

### 주변정세

기원전 359년 페르시아의 아르타크세륵세스 3세(Artaxerxes Ⅲ)는 왕위에 오르게 되자 강력한 세력 확장 정책을 꾀하였다. 페르시아의 서진(西進)은 에게 해의 소아시아 지역에 페르시아 왕의 지배가 부활됨을 의미하는 것이었다. 여러 민족으로 구성된 페르시아는 통일되어 있었고 그리스인들은 같은 민족이면서도 각각의 도시국가를 중심으로 분열되어 있었다. 그러나 페르시아의 중요한 업무는 상당 부분 그리스인 관리나 그리스 출신의 용병에 의해 유지되고 있었고, 교역로 역시 그리스 상인들이 지배하고 있었다. 페르시아 영토 내에 살고 있던 그리스인들은 많은 수가 페르시아의 고용인으로 살아가고 있었지만 운명을 역전시킨다면 그들이 주인 행세를 할 수도 있었다. 이러한 몽상을 적극적으로 표명한 변론가는 아테네의 이소크라테스(Isokrates)였다. 그는 그리스 도시 국가들이 단합

해야 하고 아테네, 스파르타, 테베를 비롯한 그리스 연합군이 페르시아를 공격해야 한다고 앞장서 외쳤다.

이소크라테스는 최근 필리포스가 그리스 문제에 관하여 전례 없는 세력을 행사하는 것을 지켜보면서 정세의 변화를 받아들였다. 왕제(王制)에 반감을 갖고 있었던 다른 그리스인들과는 달리 이소크라테스는 필리포스를 전 그리스 십자군[4]의 우두머리가 될 운명을 지닌 인물로 평가하였다. 이 노(老) 정객은 마케도니아 왕에게 공개서한을 보내 그리스의 결합이라는 이상을 위하여 힘쓸 것을 촉구하고 그리스의 여러 국가가 공동 목표 하에 하나가 될 것을 역설하였다. 이는 도시국가의 이상에 집착한 데모스테네스[5]가 마케도니아 왕을 끊임없이 경계하고 비난했던 것과는 명백한 대조를 이루고 있다.

그러나 현실 정치가인 필리포스는 그리스의 여러 국가들을 하나로 뭉치게 하는 문제가 쉽지 않다는 사실을 간파하고 있었다. 그들에게는 개별적으로 당근을 주어 납득시키거나 무력을 사용하는 방법이 필요했다. 페르시아와의 분쟁 과정에서도 그리스인들은 언제나 통일전선을 펴지 못하고 분열되어 각자의 이익만을 추구했다. 따라서 필리포스는 무력으로 정복한 일부 지방에는 강력한 수비군을 두고, 다른 지역은 외교술과 돈의 힘으로 말을 잘 듣게 하였다. 아테네의 경우는 공개적으로 필리포스를 비방하는 연설을 했던 데모스테네스 일파의 영향력이 크게 작용하고 있었음에도 불구하고 관대한 정책으로 달래는 방법을 썼다. 스파르타나 그 밖의 펠로폰네소스 국가에는 세론(世論)을 그에게 유리하게 기울어지게 하기 위해 밀정을 보내 돈을 풀었다.

### 명마를 얻다

알렉산드로스가 12세 때의 일이다. 테살리아의 말 상인인 피로니코스라는 자가 필리포스에게 부케팔로스라는 이름을 가진 명마를 팔러왔다. 그러나 훌륭한 말이었음에도 불구하고 그 말은 성질이 매우 거칠어 어느 누구도 이를 다루지 못하였다. 필리포스가 말을 도로 물리려 하자 알렉산드로스는 자신이 말을 다루어보겠다고 하였다. 왕은 나이 어린 아들에게 너무 자만해선 안 된다고 충고하였으나 알렉산드로스는 자신감을 보이며 자신이 말을 다루어볼 것을 고집했다. 그는 말을 못 타게 되면 벌금으로 말 값을 대신 지불하겠다고 약속하였다.

부왕의 허락을 받은 알렉산드로스는 말고삐를 쥐고 말이 그림자를 보지 못하도록 말머리를 태양 쪽으로 돌렸다. 말은 자신의 그림자가 움직이면서 여러 모양으로 변하는 것에 놀라 겁을 먹고 있었던 것이다. 흥분하여 숨을 거칠게 내쉬는 말을 부드럽게 어

부케팔로스를 길들이는 알렉산드로스.

루만져 달래면서 그는 가볍게 말 등에 뛰어 올라타고 달렸다. 얼마 후 알렉산드로스가 기쁨에 찬 모습으로 지친 말을 타고 되돌아왔을 때 모든 사람들은 그에게 우뢰와 같은 갈채를 보냈다. 필리포스는 기쁨에 차서 말하였다. "아들아, 너는 네게 알맞는 왕국을 다른 땅에서 찾아라. 마케도니아는 너를 만족시키기에는 너무나 좁다." 이때부터 필리포스는 젊은 왕자에 대한 깊은 감탄과 함께 그가 사내답다는 믿음을 가지게 되었다.

### 아리스토텔레스와의 만남

알렉산드로스는 신체가 단단하게 발달되어 있었음에도 불구하고 얼굴은 보기에 유순하였고, 거기에 목을 한쪽으로 기울이고 생각이 가득 찬 눈길로 하늘을 바라보는 버릇이 있었다. 필리포스는 아들이 어머니의 치마폭에서 벗어나 신비적인 성향에 쏠리지 않고 현실적인 마케도니아인의 씩씩한 기상을 이어받기를 바랐다. 이러한 바람 때문에 부왕은 아들이 13세가 되자 올림피아스의 신비적인 감화와 레오니다스의 준엄하고 비사교적인 교육을 중화시킬 수 있는 스승을 찾아 아들을 맡기게 되었다.

왕자의 새로운 스승은 궁정의사 니코마코스(Nikomakhos)의 아들인 아리스토텔레스(Aristoteles)였다.[6] 아리스토텔레스는 그리스의 변방 출신이었지만 당시 그리스 문명의 요람이었던 아테네에 진출하여 플라톤의 제자로 명성을 날렸다. 그는 확실한 사실의 근거 위에서 사색을 했으며 논리와 이성으로 인정

스승 아리스토텔레스(Aristotle, B.C. 384~322)의 흉상.

되는 추론만을 전개하였다. 알렉산드로스의 정신에서 올림피아스가 장려한 신비적이고 초자연적 경향을 없애는 데 가장 적합한 인물이었다. 이런 이유에서 필리포스는 그를 초빙하여 수도에서 약간 떨어진 곳에 새로운 학교를 세우고 아들을 왕비의 품에서 떼어 그곳으로 보냈다.

아리스토텔레스는 야외의 나무 그늘 같은 데서 슬슬 거닐면서 강의를 했기 때문에 소요학파(逍遙學派)라는 이름이 붙었다. 많은 마케도니아 귀족의 자제들이 논리적이며 과학적으로 사고하는 기술을 배우기 위하여 이 학교에 보내졌다. 당시 마케도니아의 젊은 귀족들 사이에는 찬란한 그리스 문화, 특히 아테네의 지적이고 예술적인 분위기를 동경하는 분위기가 만연해 있었다. 이곳에서 알렉산드로스는 신체를 단련하고 많은 서적을 탐독하는 데 몰두하였다. 후일 그는 '훌륭하게 사는 법'을 자기에게 가르쳐준 사람은 아리스토텔레스라고 말하였다. 왕자는 그에게서 호머를 비롯하여 문법, 음악, 기하학, 수사학, 의학, 철학 등 그리스의 선진 학문을 배웠다.

알렉산드로스는 호머의 『일리아드』에 나오는 트로이 전쟁 이야기에 완전히 매료되었다. 그는 『일리아드』의 대부분을 외우고 있었으며 호머의 작품을 통해 위대한 영웅에 대한 자신의 꿈을 키웠다. 후일 페르시아 원정중에도 그는 호머의 책을 갖고 다니며 읽었고 취침 시에는 그 책을 단도와 함께 베게 밑에 넣고 잘 정도였다고 한다. 그는 이미 청소년기에 전쟁 영웅을 흠모하며 자신의 꿈을 키워 나가고 있었음을 알 수 있다. 그는 아버지 필리포스가 전쟁터에서 승리의 소식을 계속하여 전해왔을 때도 이를 기쁨이 아닌 복잡한 감정으로 받아들였다. "아버지가 승승장구하여 모든 것을 다 해버리면 내게는 중요한 일을 할 기회가 하나도 남아 있지 않을 것이 아닌가!"

아리스토텔레스는 그에게 그리스 문명의 중요한 내용을 가르쳤고 레오니다스는 그의 정신을 강인하게 길러주었다. 그러나 그들로부터 배운 시간은 한정되어 있었으므로, 알렉산드로스의 잠재의식 속에는 어머니의 영향, 즉 몽상과 마술의 세계가 늘 그를 따라다녔다. 그는 자신에게 흐르고 있을지 모르는 신의 혈통에 대한 자부심과, 자신은 위대한 일을 이루도록 신들에 의해 운명지어진 존재임을 항상 마음속에 새기고 있었다.

# 옥좌를 향하여

## 섭정기

알렉산드로스는 어느새 16세가 되었다. 이 시기 알렉산드로스는 외지에 나가 정복 사업을 하는 필리포스를 대신하여 섭정을 하면서 공부와 유희, 운동 연습, 군사 교육 등으로 육체 단련을 하는 나날을 보내고 있었다. 당시의 국제 정세를 보면 페르시아의 확장이 다시 눈에 띄고 있었다. 약 30년 전에 페르시아의 지배에서 해방되어 있던 암몬 신의 나라 이집트는 그 무렵 페르시아의 아르타크세륵세스에 의하여 다시 정복되었다.

알렉산드로스가 아버지를 대신하여 섭정을 맡고 있는 가운데 페르시아 왕의 사절단이 마케도니아를 방문하였다. 알렉산드로스는 아직 어린 나이였지만 왕자의 위엄을 갖추고 사절들을 정중하게 대하였으며 예리한 질문을 던짐으로써 그들을 놀라게 하였다. 아시아에 이르는 여러 갈래의 길에 대한 정보를 물었고, 페르시아군은 어느 정도의 병력을 움직일 수 있는지, 또한 아르타크세륵세스 왕은 어떠한 인물인지, 훌륭한 군인인지 아닌지를 알고 싶어했다. 사절들은 그에게서 깊은 인상을 받고, 필리포스의 높은 평판도 그 아들의 총명에 비하면 아무것도 아니라고 단언하였다.

이런 일이 있은 얼마 후에 알렉산드로스는 자신이 직접 원정을 지휘할 최초의 기회를 맞게 되었다. 필리포스가 멀리 다뉴브 강의 하구에 원정을 가 있는 동안 현 불가리아 지역에 살고 있던 마이도이 족의 반란이 일어났다. 이곳은 필리포스의 귀환행로 선상에 있어 신속한 진압이 불가피하였다. 당시 16세에 불과했던 알렉산드로스는 자신이 직접 지휘권을 맡아 그 도시를 탈취하고, 이곳에 마케도니아의 식민도시를 세워 알렉산드리아라고 명명하였다. 이처럼 어린 나이에 전투를 승리로 이끈 것은 마케도니아인들에게 커다란 희망을 안겨주었으며 그는 국민적 영웅이 되었다.

이후 필리포스 2세는 알렉산드로스를 자신의 전장으로 불러 곁에 두었는데, 고국으로의 귀환 길에서 마이도이 종족의 일부가 마케도니아군에 기습을 가하였다. 난전중에 필리포스가 타고 있던 말이 적의 창에 찔려 죽고 왕도 허벅지를 칼로 찔리게 되었다. 전하는 바에 의하면 알렉산드로스는 황급히 말에서 내려 적을 방패로 막으며 아버지를 구출하였다고 한다. 그러나 필리포스는 소년에 지나지 않는 그로부터 받은 구원을 기껍게 생각하지는 않은 것 같다. 어린 아들에게 구출되었다는 사실은 백전노장의 자존심을 어느 정도 상하게 하였던 것이다.

이 전쟁의 부상으로 필리포스는 영구히 발을 절게 되었고, 보이지 않는 한쪽 눈과 과거에 부상당한 어깨로 인해 불편은 더욱 커졌다. 다쳐서 전장에 나갈 수 없었던 왕은 그 무렵 경박한 신하들과 어울려 무료한 나날을 술로 달래거나 왕의 위엄을 저하시키며 헛되이 시간을 보내는 경우가 많았다. 어느 날 필리포스가 자기 육체의 불편함을 한탄하는 것을 들은 알렉산드로스는 아버지를 위로하려고, "왕께서는 한 걸음을 옮길 때마다 용감하셨던 지난날의 모든 일을 되새기게 하는 영광의 상처를 어찌 그다지도 한탄하십니까?"라고 말하였지만, 이것은 필리포스에게 위안이 되기보다 오히려 알렉산드로스가 전투의 주역이었음을 되새기게 하였다.

### 성과 술에 대한 태도

알렉산드로스가 일생을 통해 가장 친밀하게 우정을 나눈 인물은 헤파이스티온이라는 친구였다. 그는 어린 시절부터 꿈을 공유하고 모든 것을 함께한 또 하나의 알렉산드로스였다. 애첩이 많았던 필리포스와는 달리 알렉산드로스는 여자에 대한 관심이 거의 없었다. 17세가 되어서도 순결하다는 것이 부모의 입장에서는 오히려 걱정스러운 일이었다. 미래의 왕이 될 사람은 독신이어서는 안 되기 때문이다. 생각 끝에 어머니는 유능한 직업적 창부인 카리크세네라는 테살리아 여성을 알렉산드로스에게 붙여주려고 하였으나 결국 효과를 얻지 못하였다. 그의 여성에 대한 첫 경험은 23세 무렵으로, 상대는 적장 멤논의 미망인인 바르시네로 알려져 있다. 그 밖에 박트리아의 공주인 록산네와 다리우스 왕의 딸인 스타티라 외에 몇 명의 여성이 그의 비공식적 아내였다. 모두 미모가 출중한 여인들이었고 그녀들과의 사이에 자식을 얻기도 하였지만, 이들은 알렉산드로스를 가까이 잡아두지 못했다.

알렉산드로스가 일생 동안 분신처럼 사랑한 사람은 친구인 헤파이스티온이었다. 원정에서 귀환한 뒤에 헤파이스티온이 급환으로 죽자 알렉산드로스는 너무나 큰 상실감에 친구를 신격화시키며 병적일 정도의 깊은 슬픔을 나타냈다. 이러한 정황상의 이유 때문에 그는 동성애자였다는 평가를 받기도 한다. 어쨌든 젊은 시절의 알렉산드로스는 여성을 통한 쾌락에는 관심이 별로 없었고 절제와 영예로움을 추구하는 청년이었다. 그러나 한편으로 그는 독한 술과 거친 삶을 즐기는 마케도니아의 반(半) 야만적인 세계에서 자라났으므로 점차 술을 과하게 마시는 버릇이 생겼다. 그는 과도한 정복에서 오는 긴장을 풀기 위하여 더욱 술을 자주 마시게 되었으며, 술자리에서 격한 감정을 참지 못하고 부하 장군을 살해하는 돌이킬 수 없는 실수를 저지르기도 하였다.

## 케로네아의 전투

기원전 338년 봄에 그리스에서 암피크티오니아 회의[7]의 요청서를 가진 사자가 마케도니아 궁정에 왔다. 그것은 암핏사의 산간 부족을 응징해달라는 군사적 요청이었다. 필리포스는 이를 중부 그리스에 발판을 마련하는 중요한 계기로 생각하고 크게 환영하였다. 암핏사로 가는 원정길에서 필리포스는 테베인들의 기를 죽이고자 하는 의도 하에 엘라티아(Elatia)를 점령하여 성채화하였다. 그러자 위치상으로 이곳과 가까운 아테네는 엘라티아 점령을 자신들을 공격하기 위한 포석으로 생각하게 되었다.[8] 결국 숙적 사이였던 아테네와 테베는 동맹을 맺었고 그리스의 다른 도시국가들까지 상당수 끌어들였다. 필리포스는 아테네나 테베와 전쟁을 할 생각이 없었으므로 화평을 시도하였다. 그러나 데모스테네스를 위시한 주전파들은 이를 거부하였고 결국 케로네아(Caeronea)의 들판에서 양군은 격돌하게 되었다.

전투가 있던 날 해뜰 무렵에 그리스군은 좌측과 중앙에 모두 2만 6천이 넘는 아테네와 동맹국의 보병과 기병을 배치하고 우측에는 테베의 이름 높은 신성부대(神聖部隊)[9]를 포함한 1만 2천의 밀집병단과 8백의 기병을 함께 포진시켰다. 3만의 보병과 2천의 기병으로 편성된 마케도니아군은 태양을 바라보지 않는 유리한 위치를 차지하고 작전을 폈다. 이 전투에서 알렉산드로스는 정예 마케도니아 기병대의 선두에서 싸워 자신의 능력을 입증하였을 뿐만 아니라 전투중 필리포스가 말에서 떨어져 위험하게 되었을 때 신속히 그를 구출하기도 했다.

아테네군은 끝내 대열을 흩트리고 1천의 시체와 2천의 포로를 싸움터에 남기고 도주하였다. 도주병 중에는 데모스테네스도 끼어 있었는데 달아나다가 자신의 옷이 무성한 가시나무에 걸리자 두 손을 하늘로 추켜들고 큰소리로 신의 자비를 빌었다고 한다. 테베군은 끝까지 용감하게 버텼으나 그들이 자랑하던 신성부대는 거의 전멸하고 말았다.

### 코린트 동맹

케로네아 전투에서 참패했다는 소식을 들은 아테네인들은 두려움 속에서 조상의 신성한 무덤 돌까지 파헤쳐가며 도시의 방어를 준비하고 있었다. 그러나 필리포스로서는 그리스 문명의 상징인 아테네를 어떻게든 자신의 대 페르시아 원정계획에 끌어들이고 싶었다. 그리하여 아테네에 화의를 청하였고 아테네인들은 기꺼이 이를 수용하였다. 필리포스의 은혜를 입은 아테네인들은 그에게 아테네 시민권을 부여하고 도시의 광장인 아고라(Agora)에 조각상을 세우기까지 하였다. 마케도니아에서도 사절단이 아테네를 방문했는데 그 대표는 알렉산드로스였다. 아테네인들은 그를 성대하게 맞이하였고 조약은 필리포스의 의도대로 맺어졌다.

케로네아 전투의 승리 이후에 필리포스는 그리스 전체를 한 바퀴 주유하였다. 이러한 여정은 기원전 337년 여름까지 1

년 동안이나 계속되었는데 그 목적은 마케도니아를 중심으로 페르시아 원정을 위한 그리스 연합군을 결성하는 것이었다. 가을이 되자 코린트에서는 스파르타를 제외한 전 그리스 대표자 회의가 열렸다. 그는 소아시아로의 진군 계획을 알린 뒤에 만장일치로 전 그리스군의 총사령관으로 선출되었다. 이소크라테스가 외치던 공허해 보였던 꿈이 바야흐로 이제 필리포스에 의해 성취되려는 순간이었다. 데모스테네스는 그리스의 자유가 사라진 것을 개탄하였으나 그리스는 역사상 처음으로 하나의 국가가 되려 하고 있었다.

### 궁정 암투

그해 겨울에 접어들 무렵 마케도니아 왕은 펠라에 돌아와 있었다. 당시 19세가 된 알렉산드로스와 부왕과의 관계는 왕실 내부의 갈등으로 긴장관계에 돌입하고 있었다. 45세에 이른 필리포스는 앗타로스(Attalos)라는 인물의 조카딸인 에우리디케와 새롭게 사랑에 빠졌다. 후대의 저자들은 그녀를 클레오파트라(Cleopatra)라고 부르고 있는데, 그녀는 젊고 야심 많은 미인이었다. 기질이 강한 그녀는 두 번째 부인이 되는 것으로 만족할 생각이 없었고 필리포스가 올림피아스와 이혼할 것을 요구하였다. 필리포스는 열렬한 연정에 불타고 있을 때라 알렉산드로스의 반대를 무릅쓰고 올림피아스와의 이혼을 결행하였다.

새 왕비를 맞아들이는 결혼식에서 알렉산드로스는 치밀어

오르는 분노를 억누르며 침묵에 잠겨 있었다. 필리포스와 앗타로스는 잔뜩 술에 취하여 시끄러운 주연을 베풀고 있었다. 이때 앗타로스가 비틀거리면서 일어나 신랑의 건강을 위하여 건배할 것을 제안하고 "이제야 모두들 정식 왕위 계승자를 기대할 수 있게 되었다"라고 말하였다. 그 말이 채 끝나기도 전에 알렉산드로스는 분노가 폭발하여, "이 극악한 놈아, 그렇다면 나는 첩의 자식이란 말인가?"라고 소리치며 술잔을 들어 앗타로스를 향하여 힘껏 던졌고 순식간에 연회장은 아수라장이 되어 큰 소동이 일어났다.

몸을 가누기 힘들 정도로 술이 오른 필리포스는 하나밖에 없는 충혈된 눈을 부라리며 알렉산드로스를 향해 칼을 빼들었다. 그는 앞으로 나오며 그 칼을 휘두르려 했지만 자신의 몸을 가누지 못하고 땅에 넘어져버리고 말았다. 알렉산드로스는 그러한 필리포스를 경멸의 눈초리를 보내고 손가락질하면서, "마케도니아 사람들이여, 이 식탁에서 저 식탁으로 건너가기도 힘든 저 사람을 보라. 저자가 유럽에서 아시아로 건너가려고 준비한 자다"라고 외치고는 그곳을 빠져나갔다. 그는 곧장 어머니에게로 가서 그녀를 데리고 자신을 따르는 몇 사람과 함께 펠라의 궁전을 떠나 올림피아스의 형제이자 알렉산드로스의 숙부가 다스리는 에피루스로 도망갔다.

그런 소동을 빚은 지 여러 달이 지난 어느 날이었다. 필리포스의 옛 친구인 코린트의 데마라토스라는 인물이 펠라의 궁정을 찾아왔다. 필리포스는 친구에게 분열이 심한 그리스 도시들은 지금 사이가 좋은지를 물었다. 그러자 데마라토스는 말하길, "필리포스여, 당신은 지금 자기 집안을 분쟁에 몰아넣고 있으면서 그리스의 일을 잘도 걱정하고 있군요"라고 말하였다. 격정의 시간이 어느 정도 흐르고 이성을 찾은 시기에 듣게 된 친구의 충고는 왕의 마음을 예리하게 찔렀다. 단순하고 교활하지만 때로 순진한 면을 가지고 있기도 한 필리포스는 친구의 올바른 지적을 받자 아들과의 화해의지를 굳히게 되었고 데마라토스를 알렉산드로스에게 보냈다. 알렉산드로스는 자신이 궁정으로 돌아오는 조건으로 올림피아스를 왕자의 생모로서 지극히 대우해 줄 것을 요청하였다. 그리하여 다음 해인 기원전 336년 초에 알렉산드로스는 어머니를 모시고 펠라의 궁정으로 돌아올 수 있었다.

그러나 궁정에서의 생활은 그리 편하지 못했다. 젊은 새 왕비 클레오파트라와 올림피아스는 서로를 미워하며 앙숙으로 지냈다. 새 왕비는 임신한 상태여서 만일 그녀가 아들이라도 출산한다면 알렉산드로스의 왕위 계승권이 위태로울 수도 있었다. 야심을 이룰 수 있는 최대의 희망은 신속하게 왕위에 오르는 것이었다. 올림피아스가 필리포스에 대하여 품고 있던 증오는 매우 깊었으므로 이러한 때 어머니는 슬그머니 아들에게 배반의 생각을 주입하였다. 그녀는 아들의 마음이 왕으로부터 멀어지게끔 계승에 관한 의심을 끊임없이 불어넣었고 그 때문에 계속 분란이 일었다.

부왕의 암살

필리포스는 올림피아스의 질투와 획책이 분란의 근원이라고 생각하면서 그녀를 진정시키기 위해서는 처남인 에피루스 왕과 화해함으로써 분위기를 바꾸는 것이 필요하다고 생각하였다. 그래서 그는 에피루스 왕과 18세에 접어든 알렉산드로스의 누이 클레오파트라를 결혼시키고자 했다. 이는 숙부와 조카 사이의 근친혼이었으나 당시로서는 적법한 관례였다. 분위기가 무르익어 결혼식은 다음달 8월로 정해졌고 성대한 결혼식 준비가 진행되었다. 이와 동시에 필리포스는 가을에 페르시아 원정을 위해 그리스 연합군을 일으켜 소아시아로 출발할 계획을 세웠다. 정해진 일정에 맞춰 그리스의 여러 나라는 마케도니아에 약속된 원정군을 보내게 되어 있었다.

8월에 필리포스의 새 왕비는 아들을 낳았고 아기의 이름은 마케도니아 왕실의 전통적인 시조(始祖)의 이름을 따서 카라노스라고 지어졌다. 이는 마케도니아의 순수한 혈통임을 의미하는 것으로 에피루스의 왕녀였던 올림피아스의 피를 받은 알렉산드로스는 왕위 계승에 있어 혈통적으로 불리한 조건이 될 수 있었다. 올림피아스의 불안은 더욱 증대되었다. 아기가 탄생한 며칠 뒤에 마케도니아의 옛 수도인 아이가이에서 딸의 결혼식과 성대한 축전이 열리기로 되어 있었다. 이 축전은 필리포스가 원정을 출발하기에 앞서 기념적 의미로 열리는 중요한 식전이기도 했다. 그리스 각처에서 많은 귀빈과 구경꾼들이 모여들었고 요란한 행사가 진행되었다.

결혼식이 무사히 끝나고 군중들은 연극을 관람하기 위해 극장에 모였다. 얼마 후 필리포스가 알렉산드로스와 에피루스 왕과 더불어 극장에 들어왔다. 필리포스 왕은 아들과 에피루스 왕을 호위병과 함께 앞서게 하고 자신은 그 뒤를 따랐다. 극장으로 통하는 좁은 길목에는 필리포스에게 원한을 가지고 그를 암살하려는 파우사니아스가 기다리고 있었다. 이 청년은 왕에게 달려들어 한순간에 필리포스의 심장을 단검으로 찌르고 건물 밖으로 도주하다가 살해되었다. 모든 사람은 왕의 살해 소식에 놀랐고 필리포스와 올림피아스의 불화를 잘 알고 있는 세상 사람들은 암살의 배후에 올림피아스가 있을 것이라고 의심하였다. 올림피아스가 남편의 암살을 지시했다는 직접적인 증거는 사실상 없다. 당시의 정황과 그녀의 성격으로 미루어볼 때 강한 심증만이 존재할 뿐이다.

필리포스가 암살된 것은 기원전 336년 늦은 여름으로, 알렉산드로스의 나이가 막 20세로 접어들 무렵이었다. 얼마 후 암살사건의 충격은 이내 묻히고 세론(世論)은 필리포스가 당연히 받아야 할 운명을 겪었다는 쪽으로 옮겨갔다. 올림피아스와 왕위 계승자인 알렉산드로스 두 사람이 사태의 지배자였다. 장례식도 치러지기 전에 민중의 감정은 아내를 멀리하고 알렉산드로스의 계승권에 혼란을 초래한 필리포스에게 비판적이 되어갔다. 그리스인들 역시 이 사태로 인해 페르시아와의 원치 않는 전쟁에서 해방되리라는 기대를 하며 그의 죽음을 은근히 반기고 있었다.

필리포스의 새 왕비와 갓난아기 카라노스의 운명은 비극 그 자체였다. 알렉산드로스가 암살의 뒷수습과 왕위 계승권 확립에 정신이 없는 동안 올림피아스는 산후 회복중인 불행한 새 왕비에게 목숨을 끊을 것을 명령하였다. 결국 강요에 못 이긴 클레오파트라는 목을 매어 죽고, 질투의 화신이 된 올림피아스는 갓난아기를 제단의 불에 희생 제물로 던져버리고 말았다. 알렉산드로스는 펠라에 돌아와서 이 무서운 죄악을 알고 어머니를 크게 나무랐다.

냉정히 봤을 때 이 시점에서 필리포스가 사망한 것은 마케도니아로서 크게 손해 볼 것은 없었다. 그는 이미 한창 일할 나이가 지났으며 전쟁의 상처로 인해 애꾸눈에 발을 절고 있어 몸이 부자연스러운데다가 때때로 술에 취하여 본성을 잃기까지 하였다. 또한 그의 강요에 못 이겨 동맹을 맺은 지역들은 언제든 그를 배반할 수 있었다. 그런 상태에서 페르시아 원정을 감행했을 때 원정이 얼마나 성공하게 될지는 미지수라 할 수 있다. 그러나 필리포스의 부단한 준비 작업이 있었기에 뒤이은 알렉산드로스의 위업이 가능했다고 볼 수 있다. 필리포스 2세는 야만적인 상태에 놓여 있던 마케도니아를 강국으로 만들어 그리스 문화권에 당당히 편입시켰으며, 그리스-마케도니아 동맹의 맹주로서 페르시아 원정의 초석을 다졌던 것이다. 그는 역사의 흐름 속에서 자신이 해야 할 바를 충실히 성취하였으며 하나의 커다란 족적을 남기고 그렇게 역사 속으로 사라졌다.

# 그리스의 평정

## 그리스의 맹주

젊은 나이에도 불구하고 그는 인생의 위대함을 원했고 페르시아 원정을 통하여 이를 성취하고자 하였다. 자신의 손으로 소아시아와 시리아를 해방시키고 암몬의 전사로서 이집트에 들어가는 모습을 그렸다.

그리스의 각 나라들은 필리포스의 죽음에 안도하고 있었다. 그들은 젊은 나이에 왕이 된 알렉산드로스가 필리포스의 유업을 제대로 계승하지 못할 것이며, 향후 그리스는 호전적인 마케도니아의 손아귀로부터 벗어날 것이라고 기대하였다. 북부 그리스에서는 테살리아가 마케도니아의 지배에 반항할 여러 징조를 보였고, 중부 그리스에서는 테베가 불평을 하면서도 마케도니아 수비군에 눌려 있었으며, 남부 그리스의 여러 폴리스들은 연맹을 탈퇴할 준비를 하였다. 아테네의 경우는 데모스테네스에 의해 다시 한번 반 마케도니아의 분위기가 선동되고 있었다.

알렉산드로스는 이 위기가 자기 치세의 첫 시험대임을 느꼈다. 그는 지금 자신이 필리포스의 계획을 와해시킨다면 세계의 영원한 모욕이 될 것이며 따라서 지금이야말로 자신의 인상을 확실히 심어야 할 때임을 직감했다. 그는 그리스 여러 나라가 원정계획을 일제히 반대하고 나설 시간적 여유를 주지 않고 빠른 조치를 취할 것을 결심했다. 그의 무대는 작은 나라 마케도니아가 아니라 전 그리스 세계였고 우선 그리스 세계에서 그는 인정을 받아야 했다. 케로네아의 전투를 비롯한 과거의 전투에서 알렉산드로스의 군사적 재능은 이미 확인된 바 있고, 이를 잘 알고 있는 용사들이나 기병대를 구성한 젊은 귀족들, 안티파트로스를 비롯한 일부 대담한 정책을 원하는 장군들이 그의 말에 동의하였을 것이다.

그리하여 필리포스가 죽은 지 몇 주도 안 되어 이제 갓 20세를 바라보는 젊은 왕자는 3만의 군대를 이끌고 그리스로 진군했다. 그는 아킬레우스의 고향인 테살리아의 프티오티스에 들러 잠시 머물며 북부 그리스를 안정시켰다. 그리고는 바로 남으로 진군하여 암피크티오니아 회의가 열리고 있는 중부 그리스로 들어왔다. 이 회의에 참가하고 있던 각 폴리스의 대표자들은 마케도니아의 대군을 보고는 알렉산드로스를 필리포스의 계승자이자 전 그리스의 총사령관으로 인정하지 않을 수 없었다.

필리포스의 죽음을 공공연히 기뻐하고 마케도니아에 반대하려 했던 아테네는 무적의 알렉산드로스군이 테베의 성벽까지 진군했다는 소식을 듣고 혼비백산했다. 그러나 필리포스의 온건책을 계승하고자 원했던 알렉산드로스는 그들을 용서해주었다. 아테네인들은 이러한 처사에 대한 보답으로 마케도니아의 젊은 왕을 도시의 은인으로 선포하고 알렉산드로스에게 명예로운 관(冠)을 보내기로 하였다.

알렉산드로스는 전 그리스의 대표자 회의를 코린트에서 열고 자신이 그리스군의 총사령관임을 공식적으로 선언하였다. 이 회의에는 오직 스파르타만 불참했는데 그들은 자신들이 타국에 대해 주도권을 잡은 적은 있어도 타국이 자신들의 주도권을 잡은 예는 없다고 큰소리쳤다. 그러나 한때는 강력했던 이 나라도 지금은 전락한 상태여서 그들의 통고는 웃음을 자아냈을 뿐이었다. 이 회의에서 각 폴리스는 필리포스의 생전에 이미 정해졌던 원정에 필요한 병력과 물자를 그대로 제공할 것을 결의하였고 그들의 자치권 역시 그대로 인정되었다.

이러한 과정에서 알렉산드로스는 필리포스가 자신의 부친임을 적극적으로 내세웠다. 왜냐면 그리스인들이 그를 총사령관으로 인정한 이유는 그가 필리포스의 아들로서 정당한 계승권을 가졌기 때문이다. 이 시기의 알렉산드로스는 마케도니아의 신하들에게는 미래가 빛나는 선왕의 아들이었고, 그리스인들에게는 아버지의 후광을 입은 젊은 왕자일 뿐이었다. 그러나 알렉산드로스는 자신이 신의 아들이며, 혈통적으로는 반인반신(半人半神)인 아킬레우스와 헤라클레스의 후예로서, 장래 신들의 의지를 세상에 구현할 운명의 존재로 믿고 있었다.

그는 위풍당당하게 그리스로 남하하여 코린트에 입성했다. 이곳에서 그는 퀴닉학파[10]의 거두인 디오게네스(Diogenes)를 만나게 되는데 그 일화가 유명하다. 당시 80세에 가까웠던 디오게네스는 세속적인 가치를 경멸하며 거지 모습을 한 채 통 속에서 살고 있었다. 알렉산드로스는 이 유명한 철학자를 꼭 한번 만나고 싶어 그를 찾아갔다. 그가 찾아갔을 때 늙은이는 마당에 놓인 긴 의자에 누워 햇볕을 쬐고 있었다. "나는 알렉산드로스 왕이다. 당신의 소원을 말하라. 무엇이든 내가 그대를 위하여 해 줄 것은 없는가?"라고 말하였다. 그러자 디오게네스는 "그렇다면 내가 햇볕을 쬘 수 있도록 비켜 주시오"라고 대답했다. 알렉산드로스는 권력에 아부하지 않고 자유롭게 살아가는 철학자의 모습이 부럽기만 하였다. 그는 주변의 사람들에게 "내가 알렉산드로스가 아니라면 디오게네스와 같은 사람이 되고 싶다"라고 말하였다.

### 마케도니아 북서부의 평정

그는 그리스를 돌며 어수선한 분위기를 제압한 뒤 본국에 돌아왔으나 마케도니아의 북방에 있는 사나운 부족들을 평정해야 했다. 그들과의 전투에서 마케도니아군이 쓴 전법을 보면 이들의 뛰어난 훈련 상태를 짐작할 수 있다. 산악부족들이 높은 곳에서 돌을 던지며 화살을 쏘아대자 마케도니아군은 방패를 머리 위에 고기비늘 모양으로 잇대고 그 밑에 몸을 감추어 막았으며, 바위나 전차를 굴려 공격해올 때는 밀집 대열을 순식간에 벌려 공격을 피하거나 공격물이 방패를 타고 머리 위로 무사히 넘어가게 하여 인명 손실을 거의 보지 않았다. 상대방이 주력부대와의 전투에 골몰하고 있는 동안 다른 부대를 뒤로 투입하여 고지를 급습하여 점령하는 대담함과 기지도 돋보였다. 알렉산드로스는 이들과의 전투에서 승리한 뒤 포로를 노예로 팔고 전리품을 팔아서 번 돈을 몽땅 병사들에게 나누어줬다. 이렇게 한 것은 앞으로 소아시아를 정벌하여 얻을 부(富)에 대한 기대를 높여주기 위해서였다.

배신

알렉산드로스는 호머의 시에 나오는 영웅들처럼 눈부시게 활약하고 싶은 열정을 드러내곤 했다. 전투중에 그는 투석기의 파편이나 곤봉에 맞아 자칫 목이 부러질 뻔하기도 하였다. 한때 그가 치명적인 상처를 입었다는 소문이 퍼졌는데 이 소문은 남쪽으로 퍼지면서 증폭되어 그가 전투중에 피살되었다는 소문이 그리스 곳곳에 나돌았다. 아테네에까지 이러한 소문이 퍼지자 데모스테네스는 또다시 마케도니아의 지배에서 이탈할 것을 주장하였는데 이를 위해 페르시아로부터 비밀리에 공작자금을 지원받기까지 하였다. 알렉산드로스의 죽음에 대한 진위가 의심스러웠음에도 불구하고 이 노(老) 변론가는 확인되지 않은 소문을 이용해 그의 죽음을 기정사실화함으로써 마케도니아에 대한 배반을 유도하였다.

아테네 사람들은 테베인들이 반역을 일으키자 그들을 원조할 결심을 하게 되었다. 이들은 반 마케도니아 동맹을 만들기 위해 전 그리스에 격문을 띄웠으며 페르시아와 직접 교섭을 개시하였다. 이러한 행위는 소아시아 침입에 대한 그리스인들의 속뜻이 무엇인지를 보여주었다. 그들은 마케도니아와 합세하여 페르시아에 대항하기는커녕 마케도니아를 공격하기 위하여 오히려 페르시아를 구하려 했던 것이다. 이는 알렉산드로스에게 노여움에 앞서 실망을 던져주었을 것이 분명하다. 그가 제시한 범 그리스의 통합이라는 명분이 와해될지 모르는 위기 앞에서 어떻게든 사태는 수습되어야 했다.

### 테베에 대한 응징

알렉산드로스의 건재를 알린다면 그리스의 상황이 호전될 것으로 믿고 마케도니아군은 즉시 테베로 진군하였다. 알렉산드로스가 코앞에까지 왔다는 소식이 테베의 반란자들에게 전해지자 그들은 무척 당황하였다. 그러나 곧 그리스의 동맹국과 페르시아에서 원군이 올 것이라 믿고 강력하게 대항할 결의를 하였다. 상황을 빨리 수습하길 바랐던 알렉산드로스는 반역에 책임이 있는 테베의 두 장군을 넘겨주고 다시 과거의 동맹으로 돌아간다면 테베인 모두를 용서하고 자유를 누리게

해 주겠다는 의향을 전달하였다. 그러나 테베인들은 알렉산드로스와 마케도니아의 모든 것을 증오하고 페르시아와 화친하려는 의사까지도 드러내었다. 알렉산드로스는 분노하였고 전쟁은 피할 수 없는 상황이 되었다.

거리와 시의 광장에서는 장시간 동안 전투가 계속되었고 승패도 쉽게 결정되지 않았다. 알렉산드로스는 격전을 거듭하면서 진격하였고 결국 최후의 승리를 쟁취하였다. 테베인들은 잔인하게 살육되었으며 6천 명이 죽고 3만 명 이상이 포로가 되었다. 테베의 전 시가지는 신전과 시인 핀다로스가 살았던 집을 제외하고는 모두 파괴되었다. 테베의 포로 중에서 반역에 반대한 자와 모든 신관들, 핀다로스의 가족 전원, 마케도니아에 호의를 보인 자를 제외하고 나머지는 모두 노예로 팔리는 신세가 되었다. 테베에 대한 응징은 그리스 전역에 마케도니아를 배반하면 어떠한 결과를 맞게 되는지를 똑똑히 보여줌으로써, 그리스인들을 자신의 휘하로 쉽게 복종시키려는 알렉산드로스의 의도였다.

테베와의 전투중에 있었던 티모클레아라는 귀부인에 관한 일화를 소개해보자. 그녀는 전투중 알렉산드로스의 기병군에 속한 트라키아 병사들의 침입을 받아 그 대장에게 능욕을 당하였다. 그가 여기에 그치지 않고 그녀의 귀중품과 돈까지 빼앗으려 하자 그녀는 집안에 있는 깊은 우물가로 그를 유인하였다. 탐욕스런 대장이 우물을 들여다보며 살피자 그녀는 재빨리 그를 깊은 우물 속으로 밀어넣어 죽였다. 그녀는 결국 알렉산드로스 앞으로 끌려가게 되었다. 알렉산드로스가 그녀의 이름을 묻자, "나는 케로네아에서 그리스의 자유를 위해 싸우다 목숨을 바친 티아게네스의 누이다"라고 당당하게 대답하였다. 여성의 몸이지만 실로 훌륭한 용기와 기품을 지니고 있음을 느낀 알렉산드로스는 그녀의 기개를 칭찬하고 자유를 주었다.

테베가 파괴되었다는 소문을 들은 그리스 사람들은 강한 충격을 받았다. 며칠 전까지만 해도 죽었다는 소문이 돌던 젊은 왕이 마치 복수의 신처럼 나타나 테베를 무너뜨렸다. 불과 몇 년 전까지만 해도 그리스 최강의 국가였던 테베가, 며칠 전까지만 해도 데모스테네스가 비웃었던 '애송이 왕'에 의하여 지상에서 초토화되어버렸던 것이다. 아테네인들을 비롯한 그리스인들의 입에서는 그토록 소리 높여 외치던 '자유'라는 단어가 사라지고 오직 공포만이 지배하였다. 테베를 지원하려 했던 도시들은 너도나도 보내고자 했던 지원군을 불러들이고 변명과 사과를 위한 사절들을 보내느라 바빴다.

아테네 역시 시치미를 떼고 반란의 진압을 축하한다는 공식 서한을 쥐어서 사절을 파견하였다. 그러나 알렉산드로스는 격노하여 서한을 땅에 던지며 반 마케도니아 당파의 거두인 데모스테네스와 그 무리의 목을 요구하였다. 아테네 의회는 당황과 혼란 속에서 필리포스와 개인적 친분을 쌓았던 온건파 포키온과 데마데스를 사절로 보내 이 위기를 모면하고자 했다. 알렉산드로스는 그들이 항상 마케도니아에 호의를 표시했음을 생각하고 이들을 정중하게 대하였다. 포키온은 "만일 그리스의 동요를 방지할 의사가 있다면 시급히 그들과 화합하고, 단지 군사적 명예만을 원한다면 왕의 칼끝을 그리스인이 아닌 외국인들에게 돌리십시오"라고 말하였다.

포키온을 만난 알렉산드로스는 깊은 감명을 받았고 테베를 잔인하게 파괴한 것에 대하여도 어느 정도 후회하는 마음을 가지게 되었다. 테베는 디오니소스 신이 탄생한 곳으로 알려져 있으므로 그 도시를 파괴한 것은 그 신을 노하게 하였을 것이라는 생각이 그의 마음을 누르게 되었다. 그리하여 그는 다른 도시국가들을 용서하기로 하고 화평의 조언을 받아들였다. 그리하여 기원전 335년 가을, 알렉산드로스의 나이 21세 때 그는 그리스를 평정하고 그리스의 총 사령관으로서의 완전한 권위를 되찾았다. 그리스인들은 좋든 싫든 간에 페르시아 원정에 대한 지지를 거듭 약속하였으며 알렉산드로스는 거역할 수 없는 유능한 젊은 왕으로서의 지위를 굳히게 되었다. 그리고 다음해인 기원전 334년 봄에는 소아시아로 진군할 준비가 모두 갖추어졌다.

# 세계의 끝을 향하여

## 소아시아를 향하여

### 원정계획

알렉산드로스가 그리고 있던 페르시아 원정의 규모가 어떠했는지에 대하여는 논란이 분분하다. 필리포스의 경우에는 마케도니아를 그리스의 한 부분으로 보고 에게 해의 동쪽 연안까지 평정하여 이 지역을 그리스의 완전한 세력권 안에 두고자 하는 것이 목표였을 것이다. 알렉산드로스 역시 소아시아를 제2의 그리스로 바꾸려는 생각이 있었음이 확실하다. 이 땅은 대대로 그리스인들이 수많은 식민지를 건설하여 터를 잡고 살아온 그리스인들의 고향이었기 때문이다. 알렉산드로스는 소아시아의 서쪽을 손에 넣은 뒤 여기서 멈추지 않고 일이 잘 되면 킬리키아와 시리아의 해안 지방을 탈취한 뒤 이집트로 들어갈 생각이었다. 그러나 처음에 그가 구상했던 지역은 후에 운명적으로 그를 이끌었던 먼 오리엔트 지역까지는 아니었다. 그가 오리엔트 침입을 마음에 굳힌 것은 이집트에서 시와의 신탁을 받고 암몬의 아들 파라오로 등극한 이후였다.

그는 마케도니아를 떠나기 전 자신의 개인 재산을 원정군에게 모두 분배하였다. 장군 한 사람이 놀라 물었다. “왕을 위하여 남겨놓은 것은 무엇입니까?” 그러자 알렉산드로스는, “그것은 바로 희망이야”라고 대답하였다.

그것은 신이 정해 준 운명을 믿고 있는 젊은 몽상가의 모습이었을지도 모른다. 그는 자신의 나라나 왕조에 대한 관심보다는 눈앞에 펼쳐질 자신의 사명에 더 관심이 있었다. 그의 앞에는 새로운 영광을 가져다줄 머나먼 미지의 세계가 기다리고 있었던 것이다.

### 출발

4월의 어느 맑은 날 아침, 알렉산드로스는 어머니 올림피아스에게 작별의 인사를 드리고 다시는 돌아오지 못할 원정길에 올랐다. 그에게 있어 새로운 원정은 한 걸음 한 걸음이 신성한 땅으로의 여정이었다. 그는 자신을 호머의 일리아드에 나오는 아킬레우스의 화신이라 생각하고 거친 트로이 벌판에서 싸운 영웅들을 능가하는 활약으로 자신을 불멸의 기억에 남기고 싶

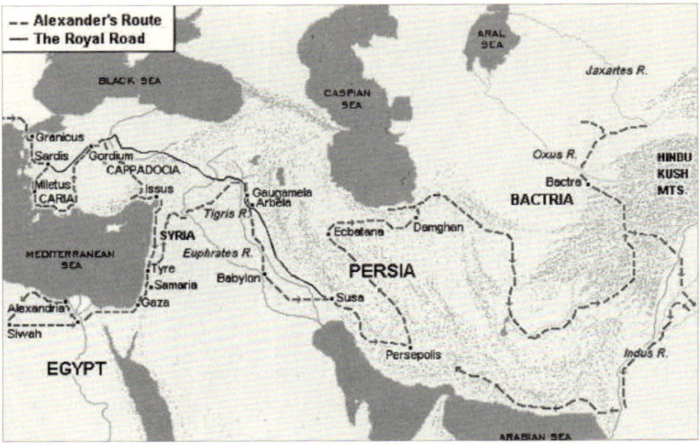


알렉산드로스의 정복 루트.

었다. 갑옷을 입고 새의 깃털로 장식한 투구를 쓴 알렉산드로스는 함선에 올라타 소아시아로의 출항을 서둘렀다. 헬레스폰트 해협[11]의 한가운데에 이르자 그는 뱃머리에 설치된 제단에서 소 한 마리를 신에게 제물로 바치고, 황금 잔에 포도주를 가득 따라서 바다에 부은 뒤 잔을 바다에 던졌다.

뱃머리가 트로이의 해변에 닿자 그는 땅에 투창을 던진 뒤 가장 먼저 육지로 뛰어내려 이제 무력으로 그 땅을 병합할 것임을 선언하였다. 트로이의 아테네 신전에서 그는 트로이 전쟁 당시의 방패와 투구, 갑옷을 구하였는데 이후의 전쟁에서 방패를 주술적 상징으로 삼아 늘 자신의 가까이 두도록 하였다. 그곳에서 그는 아킬레우스의 무덤이라고 알려진 곳을 참배하고 의례를 거행하였다.

그는 "아킬레우스에게는 살아 생전 충실한 친구인 파트로

클로스가 있었고, 사후에는 그의 무훈을 읊은 대 시인 호머가 있었다는 점에서 행운아"라고 말하였다. 알렉산드로스의 가장 친한 친구이며 어린 시절부터 알렉산드로스와 함께 자라고 고락을 같이 해온 젊은 마케도니아 귀족 헤파이스티온도 원정에 함께 참여했다. 그는 이 자리에서 알렉산드로스에 대한 자신의 충성과 우정이 아킬레우스와 파트로클로스와의 관계처럼 변치 않고 지속되기를 기원하였다.

### 그라니코스 강의 전투

당시 페르시아 왕은 기원전 336년에 왕위에 오른 다리우스 3세(Darius Ⅲ)[12)]였는데 그는 젊은 마케도니아 왕의 야심에 대해 이미 알고 있었다. 앞서 그리스에서 테베가 파괴된 이후 반마케도니아파 아테네인들의 일부가 페르시아 궁정으로 도망가 정보를 흘리고 있었다. 다리우스 왕은 알렉산드로스에게 강대한 페르시아에 대하여 무모한 행위를 하지 말 것을 편지로 경고한 뒤, 신하들에게는 앞뒤를 못 가리는 젊은 녀석이 헬레스폰트 해협을 건너오면 붙잡아서 호되게 때린 다음 호송하라고 명령하였다. 다리우스 왕으로서는 알렉산드로스를 경솔한 어린애로 보며 무시하는 것이 무리는 아니었다. 그만큼 페르시아는 강대국이었고 원정의 성취에 대한 전망은 불투명했다. 원정군은 부족한 물자에 병력도 상대적으로 적었다. 그러나 알렉산드로스의 무모한 도박은 점차 빛나는 행운으로 바뀌어갔다.

알렉산드로스의 첫 승리를 장식한 것은 그라니코스 강가의 전투였다. 마케도니아 군이 강가에 다다른 것은 오후가 되어서였다. 디오도루스(Diodorus)에 의하면 강 건너에는 알렉산드로스군의 세 배가 넘는 페르시아군이 버티고 있었다. 많은 수의 적을 본 파르메니온 장군은 그날 밤은 야영을 하여 행군의 피로를 푼 뒤 날이 밝으면 공격할 것을 권하였다. 그러나 알렉산드로스는 그 말을 듣지 않고 바로 전투태세를 취할 것을 명령하였다. 알렉산드로스는 정면에서 빛을 받는 다음날 아침을 피하여 태양을 등지고 싸우는 이점을 최대한 이용하려 하였다. 알렉산드로스는 우측 기병대를, 파르메니온은 좌측의 기병대를 맡았고, 그 뒤를 보병이 따랐다. 알렉산드로스가 휘하 기병을 이끌고 도하(渡河)를 강행하려 하자 페르시아군은 귀족 기병대를 물가에 내세우고 그리스 용병부대를 후방의 사면에 배치하였다.

페르시아 기병 중에는 왕의 친척이라든가 속주의 총독, 명문의 귀족이 많아서 침입자와 일 대 일로 싸워 승부를 다툴 것을 원하고 있었다. 알렉산드로스는 애마 부케팔로스를 타고 투구의 새깃 장식을 바람에 휘날리면서 부하들을 격려하였고, 공격 신호가 떨어지자 기병들을 이끌고 강을 건너기 위해 물에 뛰어들었다. 강 건너에 이르자 알렉산드로스가 이끄는 우측군은 페르시아 기병의 정예가 있는 쪽과 곧바로 맞닥뜨렸다. 그들은 맹렬한 저항에 부딪쳤으나 알렉산드로스는 제일선에 돌파구를 열고 적 대열로 깊숙이 돌진하였다.

그러는 와중에 알렉산드로스의 투창이 부러졌는데 그 틈을 놓칠 새라 다리우스 왕의 사위인 미트리다테스가 긴 창을 휘두르며 달려들었다. 그 순간 코린트의 장교가 알렉산드로스에게 얼른 다른 투창을 넘겨줬으며 알렉산드로스는 이를 받아들어 상대의 얼굴 정면을 찔렀다. 그러자 미트리다테스의 아우 로이사케스가 알렉산드로스에게 달려들어 도끼로 투구에 강한 일격을 날렸고 투구는 둘로 쪼개졌다. 커다란 충격으로 알렉산드로스는 정신이 혼미할 정도였으나 칼로 적의 넓적다리를 찔러 넘어뜨리는 데 성공했다. 이때 리디아와 이오니아의 총독 스피토리다테스가 나서 검으로 직접 알렉산드로스를 치려는 위급한 순간이 닥쳤다. 순간 알렉산드로스의 부장인 클레이토스가 재빨리 역습하여 검을 쥔 그의 팔을 잘라버렸다. 모든 일이 순식간에 진행되었다.

촌각의 차이로 죽을 뻔한 고비를 넘긴 알렉산드로스는 어깨와 허리에 상처를 입으면서 맹렬한 기세로 싸웠다. 이렇게 하여 알렉산드로스가 이끄는 우군과 파르메니온 장군이 지휘하는 좌군이 모두 진지를 탈환하자 페르시아군은 돌연 사기가 떨어져 도망가기 시작하였다. 결국 페르시아군은 1천 명의 전사자를 남기고 도주하였다. 남아 있는 상대는 페르시아에 고용된 그리스 용병들뿐이었다. 이들은 결국 마케도니아군에 포위되어 살육당하였고, 그 중 2천 명이 포로가 되었다.

전투가 끝나자 전사자들은 극진하게 매장됐고 그 가족들에게는 세금 면제의 혜택이 주어졌다. 알렉산드로스 자신은 여러 군데에 상처를 입었지만 부상자들을 한 사람 한 사람 찾아다니며 그들을 격려해 주고 치료에 관한 조언도 해 주었다. 그는 호머의 서사시를 본받아 전사한 적들의 시신을 매장하여 주었으나 페르시아 측에 고용된 그리스 용병들의 경우는 달랐다. 그들의 시신은 정중하게 취급되지 않았고, 포로가 된 자들은 마케도니아로 보내 노예로 만들어버렸다.

그러나 동맹국 아테네의 계속적인 탄원과 지난 전쟁에서 테베를 파괴시킴으로 말미암아 그 도시의 수호신인 디오니소스가 매우 노여워하고 있으리라는 마음의 부담 때문에 알렉산드로스는 얼마 가지 않아 포로 중 아테네와 테베 출신에게는 자유를 주었다. 이 전투에서 얻은 많은 전리품들 중 가장 귀한 물건 몇 점은 어머니 올림피아스에게 보냈고, 전장에서 얻은 3백 개의 완전한 갑주를 모아 아테네에 보내 아테나 여신의 신전에 걸어두게 하였다. 이는 원래 아테네 시민 이소크라테스가 필리포스에게 제안했던 전 그리스의 십자군 운동인 페르시아 원정의 중심지가 아테네라는 점을 새기도록 하기 위해서였다.

### 소아시아의 정복

그라니코스 강 전투 이후 알렉산드로스의 위상은 매우 높아졌다. 죽음을 두려워하지 않는 초인적인 용기와 대담함을 모두에게 각인시켰으므로 병사들은 그가 가는 곳이면 어디든지 따라갈 결의를 하고 있었다. 그는 호머적 전형의 전사이며 신속하고 과감한 행동으로 장군으로서의 재능을 인정받았다. 알렉산드로스는 프리기아의 수도 다스키리온을 점령하여 파르메니온 장군을 총독으로 임명하고, 200년 이상 페르시아의 통치를 받아온 리디아의 옛 수도 사르디스를 향하여 진격하였다. 그곳 총독인 미토리네스는 싸우지도 않고 그에게 도시를 내놓았다. 알렉산드로스가 사르디스를 비롯한 이오니아의 여러 도시에 과거 그들이 누렸던 법도와 특권을 도로 찾아줄 것을 약속하자 모두 그를 구세주로 여기고 환호하였다.

알렉산드로스는 사르디스에도 한 사람의 마케도니아 장교를 부왕(副王)으로 남겨놓고, 이오니아 지방에 있는 그리스계 도시인 에페수스에 입성하였다. 에페수스에는 아르테미스 여신의 대신전이 있었는데 이 신전은 알렉산드로스가 태어난 날 화재로 파괴된 이래 제대로 복구되지 못하고 있었다. 그는 여신에게 특별한 경의를 표시하고 싶었기 때문에 신전을 재건할 것과 그 도시의 세금을 앞으로 페르시아가 아닌 아르테미스 신전에 납부할 것을 명령하였다. 이곳을 떠나기 전에 그는 자신의 병사를 무장시키고 열병한 후 여신 아르테미스를 위하여 성대한 종교의식을 거행하고 전원이 장엄한 종교 행렬에 참가하였다.

기원전 334년 여름 이오니아의 이름난 그리스계 항구도시 밀레토스는 뜻밖에도 알렉산드로스군의 진격을 달가워하지 않았다. 알렉산드로스에게는 자신의 원정이 그리스 동포들을 페르시아의 멍에에서 풀어놓기 위한 것이며, 이러한 점에서 그리스인들의 뜻이 하나로 일치되었다는 막연한 확신이 있었다. 종전에 그의 주장에 보냈던 그리스인들의 반응이 대단치 않았다는 것을 그가 모르는 바는 아니었다. 그러나 그라니코스 강의 전투 이후 이러한 분위기는 상당히 반전되었고, 자신의 승리가 마케도니아의 차원을 넘어선 전 그리스의 승리임을 모두가 인정하게 되었다고 굳게 믿고 있었다. 자신의 고향 마케도니아가 그리스인들에 비해 지적인 면에서 열등한 것은 사실이지만 그들보다 잘 갖추어진 군대 조직을 바탕으로 아테네를 필두로 하는 강력한 그리스 제국의 오른팔이 되고 싶었다.

그러나 밀레토스는 그리스 동포와의 연합보다는 이미 페르시아와 이루어진 기존의 틀을 깨고 싶어하지 않았다. 이 때문에 그리스 민족의 단결에 걸었던 알렉산드로스의 기대는 무너졌으며 결국 밀레토스에 대한 공격이 시작되었다. 그러자 밀레토스에서는 만일 자신들을 그대로 놔둔다면 자기들은 페르시아와 알렉산드로스 사이에서 중립을 지키고 도시의 문을 열겠다는 제안을 보내왔다. 원정의 목적과 이상에 대한 무관심이 그대로 드러난 이러한 제의를 받자 알렉산드로스는 그리스인의 해방자라는 모호한 태도를 버리고 정복자의 모습을 그대로 드러내었다. 그는, 자신은 남과 나누기 위해서가 아니라 모든 것을 가지기 위해서 왔다고 선언하고 밀레토스의 무조건 항복을 요구하였다. 필사적인 공방 끝에 결국 도시는 점령되었지만 마케도니아군도 상당한 타격을 입었다. 특히 알렉산드로스를 키워준 유모의 두 아들이 이 전투에서 사망하고 말았다. 왕은 그들의 죽음을 매우 애통해하면서 유모에게 안타까운 사연을 보내야 했다.

승리가 확실해지면서 밀레토스인들에 대한 처참한 학살이 시작되었다. 밀레토스에 고용된 그리스 용병 300명은 근처의 작은 섬으로 도망가 목숨을 구하려는 필사의 방어를 하고자 하였다. 이 시점에서 알렉산드로스는 밀레토스의 저항을 통해 사태를 다른 각도에서 인식하게 되었다. 페르시아에 고용된 그리스 용병들을 동포에 대한 배신자로 몰았던 기존의 생각을 바꾸어 그들을 자신의 군대에 편입할 의향을 제안하였는데, 그들도 이를 수용하고 항복해왔다. 이후의 수습과정에서 그는 살아남은 밀레토스의 시민들을 용서하였으나 페르시아 사람과 그 밖의 외국인들은 관례대로 노예로 만들었다.

한편 남쪽으로부터는 4백 척이나 되는 페르시아의 함대가 알렉산드로스군을 저지하기 위하여 파견되고 있었다. 알렉산드로스의 군선은 수적으로 페르시아의 절반에 불과하였다. 페르시아와의 해전을 결정해야 하는 상황에서 그는 나름대로의 분석을 통해 해전을 피하는 것이 유리하다는 결론을 내렸다. 육지에서 알렉산드로스군이 승승장구하며 해안가의 영역을 넓혀나간다면 종국에 이들은 식량과 물을 얻기가 어려워지게 될 것이고 멀리 외딴섬 같은 곳에서 필요물자를 조달해야 할 것이다. 이렇게 자신의 계산대로만 된다면 페르시아의 해군력은 큰 문제가 되지 못할 것이다. 이러한 상황판단 하에 알렉산드로스는 해전을 피하고 소아시아 남서부의 다른 지역들을 정복하는 데 전력을 기울였다.

때는 기원전 334년 가을, 시리아로의 진출을 앞둔 시점에서 그의 현실 인식은 전쟁을 일으킨 초기의 명분과 많이 달라져 있었다. 자신은 페르시아로부터 그리스인들을 해방하기 위한 원정을 명분으로 내세웠으나 실상 소아시아에 살고 있는 그리스계 주민들은 자기들의 이해관계와 충돌되지 않는다면 종속관계는 별로 상관하지 않는다는 사실을 깨달았기 때문이다. 그들은 페르시아와의 사이에 지속되고 있는 평화적 관계에 만족하고 있었던 것이다. 따라서 자신은 범 그리스적 이상이나 그리스인들의 소망을 대표하고 있는 것이 아니며 그것은 단지 자신의 개인적 바람에 불과한 것인지도 모른다고 생각했다. 그럼에도 불구하고 모든 그리스인들이 일치단결하여 페르시아를 몰아내길 바라는 이상(理想)은 계속해서 그를 사로잡고 있었다.

그는 페르시아 왕의 주력군을 기다리지 않고 계속 전진하여 리키아(Lycia)의 팜필리아(Pamphylia)를 거쳐 기원전 333년 2월에는 고르디온에까지 이르렀다. 이 도시에 입성한 알렉산드로스는 신전 기둥에 매어진 유명한 고르디온의 전차를 보게 되었다. 이 전차는 산수유나무 껍질을 꼰 줄로 동여매어져 있었는데 복잡하게 얽혀 있기로 유명했다. 전설에 의하면 그 매듭을 푸는 자가 아시아를 지배하는 왕이 된다고 전해지고 있었으나, 이것을 푼 사람은 아무도 없었다. 알렉산드로스는 허리에 찬 검을 뽑아 단번에 그 매듭을 잘라 풀어버리고 자신이 아시아를 지배하는 왕이라고 선포하였다. 이 일화는 그의 성격을 잘 보여주는 것으로서 알렉산드로스와 관련하여 회자되는 매우 유명한 이야기가 되었다.

이 무렵 소아시아 서부에 거주하는 그리스인들의 상당수가 페르시아에 등을 돌리게 되었지만 에게 해의 여러 섬들은 아직도 페르시아 함대의 지배하에 놓여 있었다. 전부터 알렉산드로스를 배척하였던 스파르타인들은 결국 적장인 멤논과 손을 잡고 미틸레네를 공격하고 있었다. 더구나 아테네는 데모스테네스 일파의 반 마케도니아 음모에 언제 노출될지 몰랐다. 만약 이들이 페르시아와 손을 잡는다면 커다란 낭패이므로 언제나 경계를 늦출 수 없었다. 이렇게 복잡한 와중에 하늘이 알렉산드로스를 돕는 사건이 발생했는데 그것은 바로 유능한 적장인 멤논의 죽음이었다. 그가 갑자기 급환으로 죽고 군대의 지휘권이 그의 무능한 조카인 파르나바조스에게 인계되었다는 소식이었다. 멤논과는 달리 이 인물은 알렉산드로스에게 전혀 위협적인 인물이 못 되었다. 기원전 333년 5월 알렉산드로스는 고르디온을 떠나 터키의 앙카라를 거쳐 타르소스 시를 향하여 나아갔다.

## 시리아의 정복

### 열병

타르소스를 수중에 넣은 뒤 폭염에 지친 알렉산드로스는

차갑기로 유명한 키도노스 강에 급하게 뛰어들었다. 그 탓인지는 몰라도 얼마 후 열이 심하게 오르면서 의사들이 손을 쓸 수 없을 정도로 병세가 매우 나빠져갔다. 병세는 점차 절망적으로 치달아 의사들이 모두 고개를 내저을 지경으로 악화되었다. 아카르나니아의 필립이라는 의사만이 희망을 버리지 않고 그를 끝까지 구하려 하였는데, 최후의 수단으로 그는 강력한 설사약을 사용할 것을 왕에게 권하였다. 그가 지어주는 약으로 왕이 낫는다면 다행이겠으나, 만일 그렇지 않다면 필립에게 엄한 문책이 돌아갈 수 있는 상황이었는데도 그는 끝까지 최선을 다하고자 하였다.

알렉산드로스의 허락을 받고 필립이 약을 조제하러 나간 사이 파르메니온 장군의 쪽지가 알렉산드로스에게 전달되었다. 그 내용은 의사 필립이 페르시아인들에게 매수되어 왕을 독살하려 한다는 소문이 있으니 절대 그가 주는 약을 마시지 말라는 내용이었다. 알렉산드로스가 쪽지를 읽은 직후 필립은 약사발을 가지고 나타났다. 알렉산드로스는 약그릇을 받아 마시면서 방금 읽은 쪽지를 그에게 건네주었다. 의사가 감동의 눈물을 흘리며 쪽지를 읽고 있는 사이에 왕은 물약을 단숨에 마셔버렸다. 약을 마신 알렉산드로스는 며칠 동안 죽는 듯이 앓았다고 한다. 회복은 더뎠으나 의사 필리포스의 지극한 정성으로 결국 병을 이기고 원기를 회복할 수 있었다. 이 일화에서 보여준 알렉산드로스의 인간적이고 용기 있는 모습, 그리고 사람을 믿는 마음은 많은 사람에게 감동을 안겨주고도 남음이 있다.

### 잇수스 전투

원기를 회복한 알렉산드로스는 다리우스와의 잇수스 결전을 눈앞에 두고 있었다. 다리우스는 당시 40세로서 기원전 336년 아르타크세륵세스 3세의 아들이자 그에게는 사촌뻘 되는 아르세스(Arses)가 암살되었을 때 페르시아의 왕위를 찬탈하고 등극하였다. 그는 용모가 준수하고 재능이 있으며 그리스어에도 능통한 왕으로 알려져 있다. 또한 자신을 섬기는 그리스인들에게도 관대했고 휘하에는 그리스 용병들을 많이 두고 있었다. 다리우스는 자신의 군대가 애송이 알렉산드로스의 침입군을 능히 물리칠 것이라고 확신하고 있었다. 당시 그의 군대는 수십만으로 추정되는 대군이었다. 반면에 알렉산드로스의 군대는 3만 명 정도로 상당한 열세였다. 그의 병력은 출

잇수스 전투. 이태리 국립 나폴리 박물관, 모자이크.
기원전 4세기의 그리스 회화를 바탕으로 로마시대에 모자이크로 만든 것이다.

발 당시에도 많지 않았다. 더구나 중간중간에 보충되긴 했지만, 중요한 주둔지마다 병력을 남기고 진군해야 했으므로 승리 이후에도 그 수는 크게 증가할 수가 없었다.

처음 다리우스의 병력은 소코이 지역의 넓은 평원에 주둔해 있었다. 그러나 다리우스의 군대는 거기서 그대로 머물지 않고 알렉산드로스의 후방을 치기 위하여 잇수스로 내려가 마케도니아의 병사들을 학살하고 있었다. 연락망이 차단되어 뒤늦게야 다리우스가 바로 후방에 있다는 사실을 알게 된 알렉산드로스는 그 사실을 믿을 수가 없었다. 페르시아군에 접근하려면 알렉산드로스군은 복병의 기습을 받을 염려가 있는 좁은 길을 지나 산을 넘어 되돌아가야 하며, 이어 잇수스의 평야에 내려가 비오듯 쏘아대는 화살을 안고 정면의 강을 건너야만 하였다. 알렉산드로스의 형세는 거의 최악의 상태였고 그의 연락망과 장군으로서의 자질에 중대한 실책이 될 위기이기도 했다. 그러나 그는 장군들을 모아놓고 희망에 찬 격려의 연설을 하였다.

다리우스가 자신의 수많은 군사를 하등 쓸모없는 좁은 평야에 진을 치게 한 것은 바보짓이다. 신들은 페르시아 왕을 증오하여 소코이의 넓은 평야를 버리고 잇수스의 좁은 지역을 고르게 하였고 거기에서 우리 마케도니아군의 습격을 정면으로 받게 하였다. 그들에게 고용된 그리스 용병은 두려워할 필요가 없다. 그들은 단지 급료를 위하여 싸우지만 우리는 그리스의 이상을 실현하기 위하여 싸운다. 그들은 페르시아 왕에게 복종하는 잡다한 무리들에 지나지 않으니 그들의 패배는 페르시아 제국 전체의 패배가 될 것이다.

알렉산드로스는 자신의 신념을 상대에게 불어넣는 특별한 재주를 가지고 있었다. 전투가 있기 전에 그는 고지 위에 올라 적의 대형을 보고 그들의 전략을 살핀 뒤 대응전략을 세웠다. 공격이 있기 전 알렉산드로스는 병사들을 충분히 휴식시키고 신에게 제사를 드렸다.

드디어 총공격이 시작되었다. 알렉산드로스는 애마 부케팔로스를 타고 갑옷과 새깃 장식을 단 투구를 번쩍거리며 마치 전쟁에 취한 사람과도 같이 근위부대를 이끌고 적을 향해 돌진하였다. 알렉산드로스가 던진 승부수는 정예 근위부대를 돌격시켜 페르시아군의 좌익을 돌파한 뒤 자신이 다리우스와 직접 대결을 벌이는 것이었다. 알렉산드로스가 돌격을 거듭하여

잇수스 전투에서의 알렉산드로스(모자이크의 부분).

페르시아 왕의 호위를 맡고 있는 귀족들을 연달아 쓰러뜨리고 다리우스에게 가까이 도달하자 페르시아 왕은 당황한 나머지 급히 전차를 타고 도주하였다. 알렉산드로스는 그를 뒤쫓아갔으나 다리우스는 어둠을 타고 산 속으로 피신해버렸다. 마케도니아군은 페르시아군의 전차와 무기 등 여러 전리품과 함께 대승을 거뒀다.

포로들 중에는 놀랍게도 다리우스의 가족들이 포함되어 있었다. 다리우스 왕의 모후인 시시간비스, 왕후인 스타테이라 외에도 두 딸과 아들 모두가 잡혔던 것이다. 전하는 바에 의하면 잇수스 전투에서 페르시아군의 손실은 10만이 넘었음에 비해 마케도니아군의 손실은 전사자가 오백 명 이하이고 부상자는 몇 백에서 수천이라고 하는데, 어느 정도 과장된 것으로 보이나 엄청난 대승을 거둔 것은 분명하다. 패배한 진영에 대한 약탈은 몇 시간이고 계속되었고 마케도니아군은 굶주린 배를 채우듯 마음껏 약탈의 향연을 즐겼다.

다음날 아침 알렉산드로스는 몸소 다리우스의 가족들을 방문하여 그들을 안심시키고 신분에 맞게 예우할 것을 약속하였다. 뿐만 아니라 페르시아의 전사자들이 적법한 장례를 치를 수 있도록 허락하였다. 당시의 전쟁 풍습으로 보아 아무리 왕가나 귀족 출신이라도 전쟁에서 지고 포로가 되면 한낱 노예 신세로 전락하는 것이 상례였다. 그런 상황에서 포로가 된 왕의 가족에 대한 알렉산드로스의 이러한 은혜는 왕가의 여인들을 충분히 감동시켰으며, 특히 60세에 가까운 대비는 그 후로

도 깊은 호의로 알렉산드로스와 모자지간처럼 좋은 관계를 유지했다.

포로가 된 페르시아 귀족 여인들 중에는 이미 10개월 전에 병사한 페르시아 함대의 사령관 멤논의 부인 바르시네가 있었다. 페르시아 왕가의 혈통을 지닌 그녀는 아름답고 현명한데다 완전한 그리스식 교육을 받아 유창한 그리스어 실력을 자랑하는 매력 있는 여성이었다. 멤논을 높이 평가한 알렉산드로스는 그녀를 잘 보살피게 되는데, 점차 이 젊은 미망인에게 관심을 갖게 되어 결국 그녀는 알렉산드로스의 첫 번째 비공식적인 아내가 된다.

정복에 대한 알렉산드로스의 초기 구상은 소아시아, 시리아 및 북아프리카 연안지방을 포함한 전체 그리스계 식민지역을 거쳐 이집트로 입성하는 것이었다. 이것이 그의 1차적인 목표였다. 그러나 이제는 처음에 구상한 생각을 수정하여 더욱 원대한 목표를 설정하였다. 그는 잇수스 전투에서 다리우스 왕을 격파한 자신감으로 광대한 페르시아의 동쪽 끝까지 손에 넣을 수 있다는 확신을 가지게 되었다. 그러나 당장은 처음에 구상한 대로 시리아와 이집트를 수중에 넣는 것이 중요했다. 이집트로 진군하는 과정에서 시리아의 비블로스(Byblos)와 시돈(sidon) 시(市)는 알렉산드로스의 명성에 눌려 싸우지도 않고 그대로 항복하였다. 그러나 티루스는 문제가 달랐다.

## 티루스와 게이자의 공략

티루스는 동 지중해 최대 최강의 해상 교역 도시였을 뿐 아니라 페르시아에서 가장 강력한 함대를 자랑하는 페니키아의 해군 기지였다. 알렉산드로스가 이곳에 진군할 무렵은 해가 바뀐 기원전 332년 초였다. 티루스인들은 알렉산드로스군과 평화적 협상을 하고 싶었으나, 침입군에게 호의를 보일 경우 당시 페르시아 왕을 배알하러 가 있던 그들의 왕 아제미르코스가 인질이 될 것을 두려워한 나머지 마케도니아군의 도시 진입을 거절하였다. 알렉산드로스는 이집트로의 빠른 진군을 원했으나 이곳에서 예상치 않게 지연될까 초조해졌다. 강대한 티루스를 그대로 둔다면 마케도니아에서 북아프리카까지 잇닿아 있는 모든 해안과 내륙 지방을 평정하려는 그의 계획이 틀어질 것이다.

그는 물 위에 우뚝 솟은 견고한 요충(要衝)의 섬인 티루스와 정박해 있는 수많은 군선과 상선들을 보고 티루스의 점령이 쉽지 않을 것임을 깨달았다. 당장 큰 문제는 알렉산드로스에게 군선이 없다는 사실이었다. 함대 없이 섬을 공격하기 위해서 그는 좁은 수로를 가로지르는 제방을 쌓아 그곳으로 파성추를 옮겨 성벽을 파괴하는 방법을 써야 했다. 제방을 쌓는 일은 진척될수록 티루스인들의 공격에 노출되기 쉬웠고 이를 방어하고 그들에게 들어가는 보급물자를 차단하기 위해서는 무엇보다도 군선이 절실하였다. 그리하여 알렉산드로스는 얻을 수 있는 최대한의 군선을 모으기 위하여 시돈으로 갔다. 알렉산드로스는 이곳에서 224척의 군선과 수많은 작은 배를 구할 수 있게 되었으니 마치 하늘이 돕는 자 같았다.

겨울에서 봄으로, 봄에서 여름으로 계절이 바뀌었고 기원전 332년 7월이 되자 드디어 제방이 완성되었다. 대 공격이 시작되자 티루스의 거리는 무서운 학살장으로 변하여 8천 명의 티루스인이 사망했으며, 살아남은 자 중에서 2천 명은 교수형에 처해졌고 3만 명이 노예가 되었다. 이 전투에서 알렉산드로스의 군대는 노여움과 흥분으로 인해 마치 피에 굶주린 살인귀라도 된 것처럼 보인다. 그런데 티루스의 왕 아제미르코스를 포함한 도시의 고관들 대부분과 티루스의 형제국 카르타고에서 파견된 사람들은 안전한 헤라클레스 신전에 피신하여 목숨을 구할 수 있었다. 더구나 알렉산드로스는 헤라클레스가 자기의 조상임을 내세워 그 신전으로 도주한 자는 모두 죽이지 말 것을 포고한 바 있어 그들은 살아남을 수 있었다. 학살되고 희생당하는 사람은 결국 힘없는 평민들이라는 고금에 변치 않는 역사적 사실이 그대로 재현된 것일까? 아니면 신전에 피신한 자들이 전쟁노예가 되어 자신들의 지위와 책임에 대한 대가를 치렀을까? 자료에 나타나지 않아 궁금하지만 알 수 없다.

티루스를 평정한 알렉산드로스는 시리아, 팔레스티나의 해안을 따라 이집트 국경에 가까운 게이자(Gaza) 시로 향했다. 게이자 역시 난공불락이라고 할 만큼 높고 험준한 언덕 위에 세워진 견고한 도시였다. 티루스의 멸망을 보았음에도 불구하고 게이자를 다스리고 있던 페르시아 총독 바티스는 성문을 닫고 저항했다. 알렉산드로스는 성벽 기슭의 높이까지 제방 길을 쌓고 거기에 병기를 고정시킬 수 있는 테라스를 만들어야 했다. 경사로와 테라스를 높이고 강력한 파성추로 대 공격을 가하여 승리하기까지 공격은 2개월이나 계속되었다. 이 공방전에서 1만에 가까운 페르시아인과 아라비아인이 죽었고 부녀자와 아이들은 노예로 팔렸다. 알렉산드로스는 티루스와 게이자에서 획득한 전리품의 대부분을 고국의 어머니와 친지들에게 보냈다. 전리품들 중에는 실로 아름답게 세공된 향료함이 있었다. 알렉산드로스는 그 향료함에다 자신이 가장 귀하게 여기는 물건 중의 하나인 호머의 『일리아드』를 보관하였다고 한다. 호머는 전쟁터에서도 그를 사로잡고 있었던 것이다.

# 이집트 입성과 페르시아 정복

## 파라오가 되다

유대를 거쳐 이집트의 관문인 펠루시움으로 진격하였을 때 그들은 알렉산드로스에게 전혀 저항하지 않았다. 광대하고 부유한 이집트가 평화롭게 항복하자 그는 이를 제우스 암몬의 도움이라 생각하고 무척 기뻐하였다. 그는 아버지 신 제우스 암몬의 신전이 있는 시와를 방문하여 신탁을 얻기를 간절히 바라고 있었다. 이집트는 확실히 알렉산드로스 정복의 주요 목표였다. 그동안 여러 나라를 정복해왔지만 그는 자신이 정복한 지역의 왕임을 선포하지는 않았다. 그러나 이집트에서 알렉산드로스는 확실히 파라오가 되기를 원했으며 암몬 신의 아들로서 당연한 계승권을 행사하고자 하였다.

오백 년에 가까운 세월 동안 이곳은 그리스 상인과 용병, 학자들이 드나들었다. 8세기 이래로 나우크라티스(Naucratis)에는 그리스의 상업식민지가 이미 건설되어 있었고, 7세기부터는 그리스 용병이 이집트인들에게 고용되었다. 그리스의 학자들도 오래전부터 철학, 과학, 신비학, 음악, 조각 및 여러 기술의 발상지가 이집트라 생각했기 때문에 이곳에 유학와서 많은 것들을 배웠다. 그들은 긴 세기 동안 이집트를 찾았고 이집트의 여러 학문과 종교 전통을 자기 나라에 가지고 갔다.

수많은 암몬 신의 신전이 그리스의 여러 나라에 세워졌다. 시와의 암몬 신탁은 그리스에서도 권위 있는 신탁으로 유명했다. 이처럼 오랫동안 그리스는 파라오의 땅을 존숭의 감정으로 대하여왔다. 그러한 이집트이기에 알렉산드로스는 이 파라오의 땅을 페르시아의 속박에서 벗어나게 하여 자신의 그리스 제국에 편입시키려는 강렬한 소망을 애초부터 지니고 떠나왔던 것이었다. 그는 오래전부터 이집트의 해안에 그리스의 대도시를 건설하여 지중해 남동부 최대의 교역 중심지로 만들고자 하는 구상을 했다. 그리하여 이집트 정복 직후에 기념비적인 역

제우스-암몬 신의 두상.

사적 사업이 착공되었는데, 이것이 바로 국제적인 대도시가 될 이집트의 알렉산드리아였다.

젊은 왕은 알렉산드리아 시의 건설 계획을 정비하자마자 제우스 암몬의 신전이 있는 시와의 오아시스를 향해 출발하였다. 이집트인들은 지극히 종교적이고 신비주의적인 경향이 있었으므로 신이 알렉산드로스를 보내 페르시아인들의 압제에서 자신들을 해방시켜준 것이라 믿었다. 이러한 열광의 분위기는 알렉산드로스로 하여금 자신의 신비한 출생에 관해 확인하고 싶은 욕구를 더욱 부추겼을 것이다. 시와로 가는 길은 사막을 가로질러 가는 멀고도 험한 길이었다. 도중에 모래폭풍을 만나기도 하고 여러 위험한 고비를 겪었지만 그는 위험에 대한 생각보다는 항상 자신이 신의 가호를 받고 있다고 느꼈다.

알렉산드로스는 시와의 암몬 신전에 무사히 도착하여 단독으로 성소 안에 인도되었다. 아쉽게도 신전 안에서 어떤 일이 일어났는지에 대한 기록은 전해지지 않는다. 아마도 암몬의 성스러운 신관들은 알렉산드로스를 신에게 인도하여 참배를 드리도록 하고 그가 이집트의 파라오이며 암몬 신의 아들임을 확인시켜 주었을 것이다. 그는 자신이 그토록 원하였던 신의 아들이라는 메시지를 확인하고 장차 자신의 원대한 포부를 펼칠 마음의 동력을 충전하였을 것이다. 할 일이 많았던 알렉산드로스는 시와에서 잠시 머문 뒤 멤피스로 되돌아왔다. 멤피스에서 그는 그리스식의 투기와 경기를 개최하여 이집트 입성을 축하하였고, 자신의 모든 군대를 정렬시키고 제우스 암몬 신에 대한 성대한 예식을 거행하였다.

알렉산드로스가 지대한 성과를 거두고 이집트까지 수중에 넣게 되자 그리스 본토에서는 원정에 대한 관심과 호의를 적극적으로 표현하였다. 아직도 완고함이 꺾이지 않은 스파르타를 제외한 다른 나라들에서는 알렉산드로스에게 보낼 증원군의 징집이 전보다 수월하게 이루어졌고, 그리스의 여러 곳에서는 그에게 청원하기 위한 사절들을 보내왔다. 알렉산드로스는 이제 그리스가 자신의 정복사업을 이해하기 시작한 것이라 믿고 기쁜 마음으로 그들을 친절하게 대하였다. 그는 자신이 모든 나라를 단결시켜 신이 정해 준 목표를 수행하고 있음을 한시라도 빨리 전 세계에 인식시키고 싶었다. 그리스 문화의 중추를 이루는 이 위대한 도시의 환호를 받고 싶은 알렉산드로스의 열망은 자신의 권위가 최고조에 달한 이후에도 언제나 같았다. 그는 아테네의 지식을 배우고 자란 젊은이로 영원히 아테네의 정신적 포로였던 것이다.

시와를 방문하고 돌아온 후에 올림피아스에게 보낸 그의 편지에는 우선 마케도니아로 되돌아가서 스파르타와 결판을 내려고 한다는 내용이 씌어져 있었다. 그러나 그 무렵 다리우스가 알렉산드로스군을 무찌르기 위해 대군을 일으켰다는 소식이 전달되었다. 이 시점에서 고국으로 귀환한다면 자신이 정복한 나라들을 페르시아의 위협 앞에 고스란히 내놓는 셈이 되는 것이다. 그는 자신이 구상한 그리스 제국의 꿈이 실현되기 위해서는 다리우스와 결판을 내어 페르시아의 전 지역을 그의 수중에 넣지 않으면 안 되리라는 것을 깨닫게 되었다.

아직 그는 자신의 원정의 끝이 어디가 될 것인지에 대해 명확히 알 수는 없었다. 이 시점에서 그는 다리우스를 패퇴시키고 유프라테스와 티그리스의 계곡을 동쪽 국경으로 삼을 생각을 하고 있었으며, 한두 해쯤 지나면 마케도니아로 되돌아갈 것으로 예상하고 있었다. 이 무렵 알렉산드로스는 자신이 다시는 고향 땅을 밟지 못할 것이며 가도 가도 끝이 없는 세상의 끝자락을 정복하기 위해서 자신의 남은 생애를 모두 불태우게 되리라는 것을 꿈에도 생각하지 못하고 있었다.

## 페르시아 정복

### 가우가멜라 전투

알렉산드로스는 새로운 원정을 떠나기에 앞서 항상 성대한 그리스식 제전(祭典)을 열었다. 그리스의 극과 서정적인 무용, 경기, 음악 경연대회, 성대한 종교의식과 더불어 군대의 행진과 열병식이 이어졌다. 군사들은 게이자 점령 이후로는 전투를 못 한 상태였고 평화적으로 진군한 이집트에서는 전리품의 약탈에 대한 자신들의 욕망을 억눌러야 했으므로 어서 빨리 출병을 하길 바랐다. 알렉산드로스가 출발한 시기는 더운 여름을 맞이하기 직전이었다. 따라서 한여름의 고된 행군을 겪고 그해 여름이 끝나갈 무렵에야 티그리스 강 유역에 도착할 수 있었다. 그곳에서 그리 멀지 않은 가우가멜라(Gaugamela) 지역에 다리우스가 이끄는 페르시아군이 야영을 하고 있다는 정보가 입수되었다. 알렉산드로스는 페르시아군 진지에서 불과 10킬로미터 정도 떨어진 지점에 야영지를 만들고 이곳을 방책(防柵)과 참호(塹壕)로 굳건히 하였다.

포로가 된 페르시아의 왕족들도 줄곧 알렉산드로스의 부대와 함께 이곳까지 왔는데, 이들은 머나먼 행군 길에서 피로와 더위에 시달리고 있었다. 다리우스의 왕비인 스타테이라는 얼마 전부터 병에 걸려 앓고 있었다. 자신의 남편과의 결전을 앞둔 이 시점에서 그녀는 실로 불행하였다. 이 전투에서 페르시아가 패한다면 다리우스는 겨우 목숨만 살아남아 도망치거나 죽게 될 것이 분명하다. 설사 페르시아가 승리한다 해도 마케도니아 군이 퇴각하면서 자신들을 어떻게 할지 모른다. 병든 왕비는 불안과 슬픔에 짓눌려 어느 날 돌연 대비의 팔에 안겨 세상을 뜨고 말았다. 알렉산드로스는 그들의 천막으로 찾아가 깊은 애도를 나타냈다. 그리고 페르시아의 풍습에 따라 예를 갖춰 고인을 훌륭하게 장사 지내주었다.

왕비의 시중을 들고 있던 내시 한 사람이 장례가 진행되는 사이에 마케도니아의 진영을 빠져나가 다리우스 왕에게 이 소식을 전하러 갔다. 다리우스는 아내의 죽음을 매우 슬퍼하며 한편으로 적군의 왕이 자신의 아름다운 아내에게 극진히 대우해 준 것에 대해 의심을 나타냈다. 그러자 내시는 그러한 의심은 비록 적이긴 하나 알렉산드로스의 호의를 입은 가족과 세상을 뜬 왕후를 욕되게 하는 것임을 충심으로 간하였다. 그러자 다리우스는 이내 오해를 풀고는 두 팔을 하늘로 쳐들며 다음과 같이 외쳤다고 한다.

> 오오, 나의 왕가와 왕국의 신들이시여! 부디 나의 제국을 무사히 이끌어 주시고 승리를 주시옵소서. 그러나 만일 나의 운이 다했다면 부디 알렉산드로스와 같이 훌륭한 승리자를 왕으로 모시게 하여 주시옵소서!

가우가멜라 전투에서 추정되는 페르시아군의 수는 기록마다 서로 다르다. 그러나 알렉산드로스군이 4만의 보병에 7천의 기병으로 편성되어 있었으므로 페르시아군은 10만에서 15만 정도는 되었을 것으로 본다.[13] 다리우스 왕은 네 필의 말이 끄는 바퀴에 칼이 달린 2백 대의 전차에 큰 신뢰를 걸고 있었다. 알렉산드로스는 전투가 있기 전날 장교들에게 연설하면서 이번 전투는 전 오리엔트의 세력과 맞서는 최후의 대 전투가 될 것이며 페르시아 제국 전체가 그들의 포상이 될 것이라고 단언하였다. 파르메니온 장군은 그날 밤 페르시아군에게 불의(不意)의 야습을 가하자고 제안하였다. 그러자 알렉산드로스는 "나는 승리를 훔치기 싫다. 낮에 싸워 정당하게 그것을 쟁취하겠다"고 말하였다. 실제로 다리우스 왕은 야습을 두려워하여 병사들에게 그날 밤 무장을 한 채로 있으라고 명령하였고 이는 다음날의 전투에 영향을 미쳤을 것이다. 반면 알렉산드로스의 병사들은 충분히 식사하고 일찍 잠자리에 들었다.

그날 밤 알렉산드로스는 예전처럼 승리를 확신할 수가 없어 잠을 이루지 못하고 뒤척였다. 늦은 밤 그는 점장이와 주술사들을 불러 새의 내장으로 점을 친 뒤 야반이 되어서야 피로하여 잠에 곯아떨어졌다. 날이 밝아 명령을 받고자 그의 천막 앞에 정렬한 장군들은 그를 깨울 것인가를 망설였다. 결국 파르메니온 장군이 천막으로 들어갔다. 그는 알렉산드로스를 흔들며, "오늘 같은 날에 어찌 아직도 잠을 자고 계십니까?" 하자 알렉산드로스는 미소를 지으며, "다리우스는 이미 내 손안에 들어 왔는데 덤비면서 일찍 일어날 이유가 없지 않소?"라고 대답하였다고 한다. 그의 눈동자는 다시 한번 자신감으로 가득 차 있었다.

아침 햇빛을 받으며 애마 부케팔로스에 올라탄 알렉산드로스는 전열을 돌아보며 대군에게 연설을 하였다. 그리고 그는 오른손을 올리며, "신들이시여, 오늘 그리스에 승리를 내려주심으로써 제가 진정한 제우스 암몬의 아들임을 만인에게 입증하게 하여 주소서!"라고 기원하였다.

알렉산드로스의 전략은 자신의 무적 근위부대를 다리우스 왕을 향하여 곧장 돌격시키는 것이었다. 그러나 페르시아군도 만만치가 않아 전투는 팽팽하게 전개되었다. 그러는 사이에 다리우스 왕은 자신의 무시무시한 전차대로 하여금 알렉산드로스의 근위부대 뒤를 따르는 보병대를 향하여 돌격하도록 명령하였다. 그러나 마케도니아 병사들은 전차의 말을 놀라게 하기 위하여 투창으로 방패를 두들겨 소리를 내고, 순식간에 열을 벌려 전차가 지나쳐버리게 하면서 바로 뒤에서 투창을 던져 말과 마부를 거꾸러뜨렸다. 다리우스가 자랑하는 무적의 전차부대는 공격다운 공격도 못한 채 무력화되었다. 이를 본 페르시아 왕은 다른 기병대를 내세워 알렉산드로스군의 정면을 강행돌파시킨 뒤 반원형으로 진격하여 우측면을 공격하게 하였다. 그 과정에서 다리우스군의 틈이 벌어졌는데, 알렉산드로스는 이 기회를 놓치지 않고 자신의 기병대를 다리우스를 향하여 곧바로 돌진시켰다.

적의 수뇌를 직접 공격하여 결판을 내는 것, 이것은 수적으로 열세인 알렉산드로스가 선택한 탁월한 전략으로서 잇수스 전투에서도 적중했었고 이곳 가우가멜라에서도 마찬가지였다. 수적으로도 월등히 많을 뿐 아니라 여러 가지 강력한 무기로 무장한 적의 위세 앞에서 한순간의 틈을 놓치지 않는 불굴의 돌파력은 알렉산드로스이기에 가능한 일이었다. 그는 적군의 왕 앞에까지 이르는 길을 뚫었고, 저돌적인 젊은 마케도니아 왕이 던진 투창에 다리우스의 마부가 쓰러졌다. 이를 본 페르시아 왕은 순간 자신감을 잃고 전차에서 뛰어내려 말을 타고 곧장 도주하였다. 알렉산드로스는 다리우스를 바로 추격하고자 했으나 파르메니온 장군의 좌익부대가 위험에 처했다는 전언을 받고 추격을 단념한 채 그를 도울 수밖에 없었다.

전반적으로 싸움은 일진일퇴를 거듭하면서 치열하게 전개되었다. 알렉산드로스군의 손실도 컸으나 다리우스 왕의 도주가 알려지면서 페르시아군은 사기를 잃고 패주하기 시작했다. 페르시아군의 주력은 궤멸되어 사방으로 흩어졌고 알렉산드로스군은 압도적인 승리를 쟁취하였다. 알렉산드로스의 대담한 전술은 치밀하고 완벽한 것이 특징이지만 때로는 상식 이하의 무모함을 드러내기도 하였다. 그러나 어떤 경우라도 언제나 결과가 좋음으로 인하여 단점이 가려지고 모든 것이 정당화되곤 했다. 가우가멜라 전투에서도 승리의 원인은 다리우스 왕을 패주시킨 알렉산드로스의 활약에서 나온 것이므로 또 다시 우리는 알렉산드로스를 전술의 천재요, 미친 듯한 용기를 가진 완벽한 전사로 평가하지 않을 수 없다.

### 바빌론 입성

다리우스 왕은 벳소스가 이끄는 박트리아 기병대와 그리스 용병들과 함께 메디아(Media)의 엑바타나(Ecbatana)를 향하여 도주하고 말았다. 가우가멜라 전투에서 승리한 뒤 알렉산드로스는 바빌론으로 입성하였다. 알렉산드로스가 미리 이 도시에 밀사를 보내어 이전의 권리와 풍습을 모두 인정한다는 것을 알려서인지 바빌론의 모든 원로와 세력가들이 나와 예를 갖추고 알렉산드로스를 해방자로 맞이하였다. 알렉산드로스가 바빌론에 대하여 경의를 표하고 우방의 도시로 취급하자 재물을 약탈하길 원했던 군대는 크게 실망하였다. 알렉산드로스는 그들을 만족시키기 위해 전투에서 얻은 다리우스의 막대한 재물을 분배해 주었고, 부와 쾌락의 도시 바빌론에서 한동안 병사들은 퇴폐한 그 도시의 모든 악덕에 열중하였다.

이제 25세의 젊은 나이였지만 알렉산드로스의 양 어깨는 광대한 제국의 모든 짐을 짊어지고 있었다. 그는 바빌론에 이어 페르시아 제2의 수도인 수사(Susa)에도 입성했으나 다리우스 왕은 아직 살아 있었고 페르시아의 심장은 아직 멈추지 않았다. 이를 분쇄하기 위해서는 수도인 페르세폴리스(Persepolis)와 엑바타나(Ecbatana)를 점령해야 했다.

### 페르시아의 수도로

그는 빠른 속도로 진군하여 페르시아의 수도인 페르세폴리스에 입성하였다. 페르시아 권력의 심장부인 이곳에서 그는 궁전을 제외한 전(全) 시를 약탈하여도 좋다고 허락하였다. 그 결과 침략군의 억눌려진 방종함이 폭발하여 무서운 만행이 벌어졌으며 피신하지 않고 있던 주민 모두가 학살당하였다. 디오도로스[14]에 의하면 죽은 사람들의 대부분은 길가나 집안에서 목을 졸리거나 맞아 죽었으며 여자들을 능욕하기 위하여 병사들은 야수와 같은 싸움을 벌였다고 한다. 많은 사람들이 이를 피하려고 자살을 택하였고 결국 알렉산드로스가 명령을 내려 여자들의 죽음을 면하게 하였다. 알렉산드로스는 병사들이 규율을 잃고 광포한 짐승같이 행동하고 있음을 알고 있었으나 이것이 페르시아의 과거 행위에 대한 정당한 복수라고 합리화하였다. 파르메니온 장군은 페르세폴리스가 알렉산드로스의 수중에 들어왔으니 병사들의 파괴를 중지시킬 것을 요구하였으나, 알렉산드로스는 그들의 먹이를 빼앗을 생각이 없었다. 알렉산드로스는 둥근 기둥이 나란히 서 있는 아름다운 방들과 훌륭한 정원으로 유명한 다리우스의 호화로운 궁전에 주거를 정하였다. 그는 이곳에서 수주일을 보내면서 동방의 전제군주란 어떠한 존재인가를 알게 되었다.

당시 알렉산드로스의 측근들은 엄청난 부를 획득하여 지나치게 사치스러워지고 있었다. 모후인 올림피아스는 이러한 전갈을 듣고 그들에 대한 포상을 줄일 것을 주문하였으나 알렉산드로스는 아끼지 않고 멋있게 쓰는 것을 좋아하여 어머니의 의견을 따르지 않았다. 알렉산드로스의 일화에는 잘 주는 성품에 관한 것이 많은데 이런 이야기도 있다. 왕의 황금을 실은 당나귀를 끌고 가던 한 마케도니아 병사는 당나귀가 피로에 지쳐 움직이지 못하게 되자 그 짐을 자신이 지고 갔다. 그러나 나중에 이 병사도 지친 나머지 짐을 내던질 지경이 되었다. 이를 본 알렉산드로스는 "너의 노고는 헛된 것이 아니며 그 금을 너의 집에 가져가기 위해서 나르고 있는 것이다. 왜냐하면 그 금은 네 것이기 때문이다"라고 말했다. 그의 후한 면을 잘 알려주는 에피소드이다. 반면에 알렉산드로스 자신은 사치를 좋아하지 않았고 자신의 필요 이상으로는 쓰지 않았다. 음식 사치도 하지 않았고 자신의 몸가짐에 대하여는 매우 엄격하였다. 그러나 가끔 무절제하게 술을 마시는 버릇은 그에게 후회를 남겨주기도 했다.

다리우스를 치러 또다시 원정을 떠나기 전에 알렉산드로스는 측근들을 모두 불러 궁전에서 큰 연회를 베풀었다. 모두들 술이 거나하게 취하자 페르세폴리스의 연회에 참가했던 아테네의 고급 창부 타이스는 페르시아 왕의 궁전을 자기 손으로 불태우고 싶다고 요청하였다. 연회의 참석자들이 갈채를 보내자 심하게 취해 있던 알렉산드로스는 벌떡 일어나 등화용 횃불을 들고 다른 참석자들에게 자신을 따르라고 하였다. 모두가 나서서 횃불을 쥐고 페르시아 왕의 궁전에 불을 붙였다. 알렉산드로스가 앞장서 소란한 행렬을 이끌고 이곳저곳으로 다니는 사이 삽시간에 건물 전체에 불이 붙어 타올랐다. 술꾼들의 돌연한 행동으로 안타깝게도 페르시아 왕의 궁전이 소실되었고 얼마 후 알렉산드로스는 자기가 한 일을 매우 후회하였다고 한다.

### 다리우스의 최후

다리우스를 추격하는 와중에 알렉산드로스는 페르시아 왕에 관한 새로운 소식을 듣게 되었다. 벳소스가 다리우스에게 반역하여 양위를 요구하면서 그를 끌고 갔다는 뜻밖의 소식이었다. 이제 알렉산드로스가 타도해야 할 적은 벳소스였다. 그는 더 이상 다리우스를 죽이려고 생각하지 않았고 그를 붙잡아 자신의 가족들과 함께 여생을 편히 보낼 수 있도록 배려할 생각이었다. 그리 멀지 않은 곳에 벳소스의 군대가 도주하고 있음을 알아차린 알렉산드로스는 지친 병사들을 뒤로하고 500명의 군사만을 데리고 뒤를 쫓아갔다. 그는 잠도 자지 않고 거의 쉬지도 못한 채 행군을 하여 매우 지친 상태에서 상대와 맞닥뜨렸다. 그의 군사는 모두 지쳐 60여 명 정도만이 대열을 유지하고 있었다.

여기에서 알렉산드로스의 무모함이 또 나타나는데 그는 적을 보자 지쳐서 비틀거리는 말을 재촉하여 얼마 되지도 않는 부하들과 함께 적을 향하여 돌진하였다. 페르시아군은 적어도 수적으로 다섯 배는 우세하였다. 그러나 다행스럽게도 벳소스 일행은 알렉산드로스의 군대가 필경 많이 있을 것이라 생각하여 저항을 하는 대신 다리우스를 전차에서 끌어내 말을 태워 도주하려고 하였다. 그러자 다리우스는 이를 거부하였고 그들은 급한 나머지 투창으로 다리우스의 몸을 찌르고 도주하였다. 죽음의 문턱에서 다리우스는 알렉산드로스를 찾았다. 지치고 먼지투성이가 된 알렉산드로스가 그곳에 도착한 것은 이미 다리우스의 숨이 끊어진 뒤였다. 그는 페르시아 왕의 이마에 입을 맞추고는 눈물을 흘리면서 자신이 원한 것은 이런 것이 아니라고 외쳤다. 그는 고인의 시신을 관에 넣어 군주의 격식에 맞춰 정중하게 장례식을 치르도록 명하였다.

## 박트리아로 가는 길

### 다리우스의 후계자

알렉산드로스의 원정군은 페르시아 왕의 죽음으로 머나먼 이국땅에서의 고된 종군을 마치고 고국으로 돌아갈 희망에 들

알렉산드로스 제국의 영역.

떠 있었다. 그러나 얼마 후 벳소스가 아르타크세륵세스 Ⅳ세라 칭하며 왕위에 올라 박트리아로 향하고 있다는 소식이 들리자 알렉산드로스의 군대는 벳소스를 찾아 새로운 길을 떠나야 했다. 기원전 330년 가을에 알렉산드로스는 박트리아를 향하여 진군하였다. 도중에 지금의 아프가니스탄 지역에 해당하는 아리아나 속주의 부왕(副王)인 사티발자네스가 알렉산드로스에게 항복하기 위해 찾아왔다. 알렉산드로스는 그의 항복을 받아들이고 자신의 호위대 40명을 그곳에 남기고 떠났다. 그러나 사티발자네스는 일주일이 채 지나지 않아 벳소스에 대한 지지를 선언하고 알렉산드로스의 부하를 모두 죽였다. 분노한 알렉산드로스는 그를 응징하기 위해 부대를 이끌고 왔다.

사티발자네스는 도주하였으나 알렉산드로스는 그의 부하 3천 명을 잡아죽이고 수천 명을 노예로 만들어버렸다. 뿐만 아니라 다리우스의 살해에 가담한 다른 한 사람의 부왕(副王)인 바르사엔테스를 잡아 주군(主君)을 배신한 죄로 사형에 처할 것을 명하였다. 이는 알렉산드로스가 다리우스 왕의 복수자로 행동한다는 묘한 상황을 나타내는데, 이제 자신이 다리우스의 정당한 계승자로서 페르시아 왕가의 편에 서 있음을 보여주고자 하는 의도였다. 흥미로운 사실은 이 시기에 그가 그리스에 보낸 편지에는 마케도니아 왕의 옥새가 찍혀 있으나 아시아 지방에 보낸 편지에는 다리우스 왕의 옥새로 봉인을 한 점이다.

박트리아로 가는 곳곳에서도 그는 자신의 세력권을 다졌고 중요한 지점에 자신의 이름을 따서 알렉산드리아 시를 세웠다. 벳소스는 알렉산드로스가 박트리아에 오기 직전에 소그디아나(Sogdiana)[15] 속주로 도주하였으나 결국은 그도 배신을 당하여 알렉산드로스에게 넘겨지고 말았다. 알렉산드로스는 그를 죽도록 매질하고 다리우스 왕을 배신한 죄를 물어 당시로서는 가장 잔인하다고 할 수 있는 페르시아식 극형을 언도하였다. 코와 귀가 잘린 벳소스는 밧줄을 걸어 강제로 휜 나무에 팔다리를 묶은 뒤 나무를 묶은 밧줄을 끊어 온몸을 사방으로 찢는 형벌을 받았다.

### 세계의 끝은 어디에

벳소스의 사후 알렉산드로스는 소그디아나 일대를 정복하고 스키타이와 우호관계를 맺었다. 그들로부터 흑해나 카스피해 아랄 해의 북쪽에 관한 이야기를 듣고 그는 자신이 믿고 있던 세계보다 세계의 끝이 훨씬 멀다는 것을 알게 되었다. 신들이 그에게 부과한 세계정복의 사업은 그가 상상하고 있던 것보다 훨씬 큰일이며 대지의 끝에 도달하려면 자신의 일생을 바쳐야 할지도 모른다고 생각하였다.

따라서 제국의 북동 모서리인 이 지역에서 시간을 보내는 것보다는 대지를 둘러싸고 있는 '바깥 대양'을 찾기 위하여 서둘러 인도로 가는 것이 시급하다고 생각했다. 그곳에서는 인간이 살고 있는 마지막 끝에 바로 이를 수 있을 것이라는 기대에서였다. 그는 세상의 끝에까지 이른 자신의 모습을 동경하며 지평선을 바라보았지만 언제나 그의 앞에는 아직 극복해야 할 새로운 지역이 나타났다. 그러나 자신은 암몬 신의 아들이며 신들이 이 위대한 사업을 자신에게 맡긴 것이다. 그러므로 자신에게 어떤 일이 닥쳐 이러한 사업이 수행되지 못할지도 모른다는 의심이나 불안은 그의 안중에 없었다.

### 전제군주의 길

정복이 막바지로 치달을수록 알렉산드로스에게는 전제적인 모습이 강화되는 경향을 볼 수 있다. 알렉산드로스는 분명히 극단과 모순에 찬 사나이였다. 그는 교양과 박식함, 소탈하고 인간적인 측면을 가지고 있으면서도 위대한 왕, 두려움을 모르는 거친 용사의 이미지를 가지고 있었고 자제력과 방종, 관대함과 잔인함의 극단을 오고 갔다. 그의 여정에는 따뜻한 인간애를 보여주는 사건들이 즐비하다. 반면에 자신을 거역하는 자들에게는 잔혹한 악의를 그대로 드러냈다.

박트리아로의 여정에서 그는 페르시아 왕의 후계자를 자처

하면서 민심을 얻고자 노력하면서도 말을 듣지않는 소수 부족이나 야만족은 매우 잔혹하게 다루었다. 행군 도중에 만난 어떤 부족이 마케도니아군에 항복을 거부하고 험준한 절벽이 있는 산속으로 도주한 일이 있었다. 알렉산드로스는 바람이 불 때 숲에 불을 질러서 도망간 만족(蠻族)들이 모두 불에 타 죽든지 절벽에 떨어져 죽을 수밖에 없도록 하였다.

그가 보여준 이러한 다양한 성격 중에서 어느 것이 진정한 그의 모습인가를 세심하게 판단하기에는 그의 인생이 너무나 짧았다. 어찌 보면 이러한 모순되는 모든 성격들이 그대로 그의 짧은 생애 속에 복잡한 인격으로 머물고 있었는지도 모른다. 그 핵심에는 어쩌면 어린 시절 가족관계에서 비롯된 근원적인 불안정이 자리 잡고 있지 않았을까 싶다.

정복사업이 성과를 거두고 동방으로의 진출이 확장될수록 알렉산드로스는 동방적 전제 군주의 특성을 점차 강화시키고 있었다. 어느덧 그의 나이도 27세가 되었고 그의 주변에는 페르시아 귀족들이나 토착인들이 많이 포진하게 되었다. 알렉산드로스는 페르시아인들의 풍습에 매료되어 스스로 페르시아식 옷을 입고 그들에게 주요한 직위도 맡겼다. 그들은 동방의 예법으로 왕을 대하였으며 알렉산드로스는 이러한 분위기를 매우 마음에 들어 하였다. 그러나 페르시아인들을 중요한 직위에 등용하는 것은 그리스인들의 질투와 반감을 고조시켰다. 왕의 처사에 대한 불만이 고조되고 있는 상황에서 알렉산드로스는 그리스와 마케도니아인들에게까지 페르시아의 예법인

부복을 강요하였다. 이에 대해 그들은 상당한 거부감을 드러냈으며[16] 이러한 분위기는 결국 알렉산드로스의 생애에 큰 오점이 된 돌이킬 수 없는 사건을 초래하게 되었다.

### 클레이토스의 죽음

클레이토스는 알렉산드로스를 키워준 유모와는 형제지간이며 그라니코스 강 전투에서 알렉산드로스를 구한 생명의 은인이기도 하다. 박트리아와 소그디아나의 부왕에 임명된 클레이토스가 부임지로 떠나기 전에 연회가 열렸다. 모두들 술이 거하게 취한 상태에서 기분이 좋아진 알렉산드로스는 술김에 자기 자랑을 늘어놓으며 아버지인 필리포스보다 자기의 업적이 우월함을 내세웠다. 아첨꾼들도 여기에 맞장구를 치며 신화 속의 영웅들보다 위대한 업적을 세운 알렉산드로스를 필리포스 같은 사람과 비교할 수는 없을 것이라고 말하였다. 이러한 식의 분위기는 과거에 필리포스를 섬겼던 몇몇 나이 든 장군들의 마음을 상하게 했다. 클레이토스 장군 역시 선왕의 편을 들면서 알렉산드로스의 승리는 대장들보다는 병사들에 의해 성취된 것이라고 하였다. 그는 에우리피데스[17]의 다음과 같은 시구를 인용하였다.

> 전승기념물에 왕들의 이름밖에 새기지 않는 것은 그리스 사람의 한탄할 풍습이다. 다른 사람의 피로 산 영광이 그들의 것이 되어버리고 만다.

그는 이어서 자기는 그라니코스 강 전투에서 알렉산드로스의 생명을 구하였는데, 그때 구하지 않았더라면 알렉산드로스가 지금 여기서 아버지를 부인하고 자신을 암몬의 아들이라고 부를 수는 없을 것이라고 말하였다. 이 말을 듣자 알렉산드로스는 인내심을 잃고, 그의 말은 반역적인 것이며 당연히 벌을 받아야 할 것이라고 경고하였다.

그러자 클레이토스는 자신의 쌓인 속내를 말하면서 불만을 토로하였다. 만일 자신들의 왕이 페르시아인을 고위직에 임명하고, 페르시아 사람과 마찬가지로 행동하면서 페르시아의 우스꽝스러운 복장을 한다면, 또 자유인인 마케도니아 사람들이 노예처럼 왕 앞에서 머리를 땅에 대고 절을 하고 있고 그러한 상황이 자신들의 고생에 대한 보상이라면 자기는 이미 충분히 벌을 받고 있다고 말하였다. 불만을 여과 없이 그대로 토로하는 클레이토스의 직언에 알렉산드로스는 마음이 많이 상하였고 서로 격한 말이 오갔다. 많은 장교들이 클레이토스를 밖으로 끌어내려 하였으나 클레이토스는 왕을 비웃고 시와의 탁선을 우롱하였다. 치미는 분노를 참지 못한 알렉산드로스는 순간 옆에 있는 근위병에게서 투창을 빼앗아 크레이토스를 향해 던졌다. 불행하게도 투창은 클레이토스의 가슴에 정확히 꽂혀 그는 한순간에 절명하고 말았다.

삽시간에 주위는 무서운 정적에 휩싸였고 알렉산드로스의 분노도 일순 사라져버렸다. 그는 클레이토스의 가슴에서 투창을 뽑아 자신의 가슴을 찌르려 했지만 부하들이 그 창을 빼앗았다. 절망한 왕은 땅에 머리를 부딪치며 울어댔지만 이미 후회해도 소용이 없었다. 이후 알렉산드로스는 몇 날 며칠을 굶은 채 잠도 자지 않으며 클레이토스의 시체 곁에서 눈물로 나날을 보냈다. 자신의 늙은 유모 앞에서 그는 차마 얼굴을 들 수가 없을 것이다. 유모의 아들들은 원정중에 모두 알렉산드로스를 위하여 싸우다 죽었는데 막상 자신은 그녀의 형제마저 자신의 손으로 죽이고 말았다. 알렉산드로스를 생명처럼 돌봐준 유모에게 그런 식으로 갚은 것에 대해 그의 마음은 심히 고통스러웠다. 술자리에서 벌어진 한순간의 분노가 그의 인생에 크나큰 오점을 남긴 것이다.

### 박트리아의 정복

해가 바뀌어 기원전 327년 알렉산드로스군은 박트리아의 오크시아르테스의 요새를 공략하였다. 무서운 눈보라를 만나 수많은 병사가 추위에 얼어 죽는 가운데 약간의 나무를 모아 피워놓은 모닥불 가까이에 알렉산드로스의 옥좌가 놓여 있었다. 눈보라에 거의 제정신을 잃은 한 병사가 그에게로 기어왔다. 알렉산드로스는 그를 보고 바로 옥좌에서 일어나 그를 앉히고 그의 얼어붙은 손과 발을 비벼주었다. 잠시 후 병사는 정신을 차리고 자신이 왕의 옥좌에 앉아 있는 것을 알고는 불안에 떨며 황급히 내려섰다. 그러자 알렉산드로스는 관대한 태도로 그를 다독이며 페르시아인들에게는 왕의 옥좌에 앉는다는 것이 곧 죽음이지만 네가 페르시아 사람이 아니라 마케도니아 사람임을 기뻐하라고 말하였다. 이러한 일화 속에는 전제군주의 모습이 아니라 병사들을 지극히 아끼는 인간적인 상관의 모습이 그대로 묻어난다.

필사의 공략 끝에 이 전투에서 승리한 알렉산드로스는 성주인 오크시아르테스의 아름다운 딸 록사네를 아내로 맞아들였다. 그는 이미 바르시네와 결혼을 하였으나 둘 다 정식 왕비의 지위를 준 것은 아니었다. 소란을 잘 일으키는 박트리아 지역의 호족과 결혼 동맹을 통해 이 지역을 든든히 하려는 의도도 깔려 있었다. 또 다른 하나의 요새가 완강히 저항했으나 새로운 장인인 오크시아르테스가 자신의 친구였던 그 태수를 항복시켜 알렉산드로스에게 투항하도록 하였으므로 알렉산드로스로서는 결혼동맹의 이득을 톡톡히 누린 셈이 되었다.

# 인도 침입과 회군

## 포로스와의 대전

기원전 327년에 그는 힌두쿠시 산맥을 넘어 아프가니스탄을 거쳐 인도로의 대장정을 시작하였다. 그의 군대는 마케도니아와 그리스군 이외에 각 지역에서 모집된 동방인의 군대로 충원되어, 당시 알렉산드로스는 실로 다종다양한 인간군에 둘러싸여 있었다. 이즈음 알렉산드로스는 더욱 동방의 군주를 많이 닮아가고 있었는데, 거대한 알현용 천막 안에서 페르시아식 복장을 하고 때로 암몬 신을 나타내는 두 개의 뿔을 머리에 달고 옥좌에 앉아 있기도 했다. 정복이 막바지에 이를수록 그는 상당히 전제적인 모습으로 변해갔지만 자신을 신격화시킴으로 인해 분란을 겪은 이후, 그리스나 마케도니아인들에

초기 헬레니즘 시기의 은제 방패. 인도의 코끼리가 전투용 탑을 등에 지고 있고 그 안에 마케도니아의 병사가 타고 있다.

게는 신격을 너무 강조하지 않고 인간의 신분으로 행동하고자 노력했던 것 같다.

그가 인더스 강을 건넌 것은 기원전 326년의 봄이었다. 그동안 그는 몇 번이고 생명의 위협을 겪었으며, 수많은 부상과 어려움을 넘기며 어느덧 인도에까지 이르렀다. 여기서 그는 인도의 포로스(Poros) 왕의 대군을 만났다. 그는 키가 2미터나 되는 용맹한 장사였고 그의 재능과 용기는 알렉산드로스를 탄복시켰다. 포로스의 군대를 격파한 후 알렉산드로스가 그에게 어떻게 대우받기를 원하는가를 묻자 그는 "왕으로서 대우받길 원한다"고 말하였다. 알렉산드로스는 포로스에게 원래의 왕국을 그대로 유지케 하고 그의 재산에 대한 약탈을 금지하는 명령을 내렸다. 그러나 이는 약탈에 대한 기대에 잔뜩 들떠 있던 병사들을 무척 실망시켰다. 그들이 목숨 바쳐 전투에 참가한 것은 원대한 이상이 아니라 전투에서 승리한 뒤 약탈 등을 통해 전리품을 챙기려는 현실적인 동기가 강했기 때문이었다. 이 전투에서 알렉산드로스는 오랜 벗이자 애마인 부케팔로스를 잃었다. 그는 여덟 시간 동안이나 부케팔로스를 타고 싸웠는데 늙고 기진한 말은 전투가 끝나자 갑자기 수명을 다하고 말았다. 그는 사랑하는 말을 기념하여 이곳에 '부케파라'라고 명명한 도시를 세웠다.

### 바깥 대양을 찾아서

포로스와의 전투 이후에도 알렉산드로스의 정복은 계속되어 히말라야의 봉우리를 바라보며 나아갔다. 그는 세계의 끝에 거의 다 왔다고 믿었으나 막상 목적지에 도착하면 그 땅의 건너에는 또 다른 강대한 왕국이 계속되고 있음을 알게 되었다. 그는 갠지스 강에 대한 이야기를 듣고 그 강은 틀림없이 세계의 끝을 따라 흐르고 있을 것이며 만일 그렇다면 자기는 대지를 둘러싸고 있는 '바깥 대양'이 완전히 보이는 곳에 국경선을 정할 수 있을 것이라 생각했다. 그러나 그의 부하들은 더 이상 미지의 땅에 대한 관심이 없었다. 그들은 우기에 인도에 도착하여 70일 이상이나 호우에 시달렸고 그 속에서 목숨을 바쳐 전투를 하였다.

그러나 알렉산드로스의 야심은 끝없이 계속되었고 오히려 인도인들에게 호의를 베풀어 부하들이 약탈로 전리품을 챙기는 것까지 금지했다. 이러한 불만도 컸지만 무엇보다 인도의 환경은 그들이 적응하기 힘든 새로운 풍토였고 나쁜 기후는 그들을 괴롭혔다. 그들의 투구와 갑옷은 낡았고 무기는 닳아 있었으며 이국땅에서 싸우는 것에 회의를 느끼고 있었다. 오랜 전쟁으로 장병들은 지쳐 있었고 이제는 고향에 돌아가기만을 바라고 있었다. 그런데 그들의 뜻과는 달리 알렉산드로스는 또다시 포루스의 왕국보다 훨씬 거대한 크산드라메스 왕의 군대와 싸울 것을 요구하였다.

이 시점에서 부하들은 더 이상 알렉산드로스의 명령에 복종하려 하지 않았다. 히파시스 강변의 숙영지에서는 항의집회가 열렸으며 알렉산드로스는 그들을 설득하고자 노력하였다.

> 갠지스 강과 동쪽 바다에 도달하려면 그리 많이 남지 않았다. 거대한 바깥 대양은 대지 전체를 둘러싸고 있고 카스피 해는 그 바다에 이어져 있을 것이다. 우리 원정군은 페르시아 해에서 아프리카를 돌아 항해를 하고 헤라클레스의 기둥[18]에 도달할 것이다. 그때에는 전 아프리카와 아시아가 우리들의 것이 되고 신들이 대지의 끝이라고 정한 것이 우리들의 제국이 될 것이다. 그러나 만일 여기서 되돌아간다면 그동안의 노고는 헛된 것이 되고 모든 것을 새로이 시작해야 할 것이다.

그러나 애타는 그의 연설에 대한 부하들의 답변은 침묵뿐이었다. 알렉산드로스의 가장 충실한 부하들조차 그의 뜻에 반대하고 있었다. 그동안 마케도니아의 장병들은 상당수가 전투에서 생명을 잃었고 병을 얻어 죽은 이도 많았다. 부상당하여 고국으로 보내진 자도 있고 일부는 그가 세운 도시에 남겨졌다. 기나긴 원정의 풍파를 몸소 겪으며 아직까지 왕의 곁에 남아 있는 사람들은 몸과 마음이 피로에 지쳐 오직 고국으로 돌아가기만을 바라고 있었다. 그것은 일반 사병이나 장교들 모두 마찬가지였다. 그들은 알렉산드로스가 지금의 위대한 성과를 가지고 귀환하길 바랐고 원한다면 새로운 의욕을 가진 젊은 사람들을 모집하여 다음의 원정을 계획하길 바랐다. 그러나 그 누구도 양보를 하려 하지 않아 수일 동안 이러한 대치 상태가 계속되었다. 결국 알렉산드로스는 점성가들에게 앞길의 길흉을 점쳐볼 것을 명했다. 그런데 주술사들 역시 점괘가 흉조로 나와 진군을 계속하는 것은 신의 뜻에 반한다고 단언하였다. 어쩔 수 없이 알렉산드로스는 귀환의 결심을 전군에게 알렸고 병사들은 이 소식을 듣고 기뻐서 춤추며 눈물을 흘렸다.

## 왕의 귀환

### 고난의 여정

그러나 알렉산드로스는 마음속으로 딴 생각을 하고 있었다. 그는 되돌아가는 길에 인더스 강으로 들어서서 인도 서부를 가로질러 '바깥 대양'이라고 믿고 있는 바다까지 둘러 가고자 했다. 그는 페르시아와 수시아나를 향하여 서쪽으로 진군하면서 실상은 아프리카를 거쳐 유럽 서부에 도달하는 길을 개척함으로써 대지의 남쪽 한계를 찾을 심산이었다. 어느덧 그의 나이도 30세에 들어서고 있었다. 고독한 개척자였던 그는 세계제국 건설의 위업을 자신이 성취할 수 있기를 진심으로 열망했다.

페르시아로의 귀환 여정은 그의 새로운 탐험욕으로 인해 멀고도 험난한 과정을 겪었다. 그는 왔던 길을 더듬어 가지 않고 새로운 탐험의 루트를 선택하였으며, 여러 전투를 통하여 인더스 강의 대안을 포함한 서부 인도의 전역을 손에 넣음으로써 국경을 더욱 확장하였다. 이 때문에 귀환을 시작한지 1년이 지나도록 그는 페르시아에 돌아가지 못하고 인도 지역에 머무를 수밖에 없었다. 귀환이 늦어지자 병사들의 반항 분위기가 또다시 고조되었다. 알렉산드로스는 더 이상 자신의 뜻만을 고집할 수 없음을 느끼고 인도를 떠나기로 결정했다. 그러나 그는 귀환길에 자신의 군대를 세 편으로 나누어 대지의 모습이 정확치 않은 부분을 탐험하고자 했다.

세 갈래로 나뉘어진 군대의 귀환길에서 사막을 거치는 두 번째 루트를 선택한 알렉산드로스는 죽을 고비를 여러 번 넘기며 전투와 모험을 겪었다. 귀환 과정의 고통은 이루 말할 수 없었다. 그를 따르는 부대는 병사들 외에 여자와 아이들, 상인이나 노예들도 있어 그 모두의 생사가 그에게 달려 있었다. 사막의 행군에서 일행들 모두가 갈증으로 고통받고 있을 때 우연히 약간의 물을 구할 수 있었던 한 병사가 알렉산드로스에게 물을 가져와 바쳤다. 갈증으로 고통받는 다른 병사들의 눈초리가 일제히 자신을 쳐다보는 것을 느끼자 그는 "알렉산드로스의 군대는 지치지도 목이 마르지도 않는다"고 하며 그것을 마시지 않고 땅에 버렸다고 한다. 타는 듯한 사막에서 그는 물과 식량 부족으로 그와 동행한 2만여 명의 인원 중 절반 이상을 잃었다. 그뿐 아니라 사막을 벗어나서는 강어귀에 천막을 치고 숙영하다가 뇌우가 몰아쳐 많은 사람들이 급류에 익사하거나 오염된 물로 인해 병에 걸려 죽기도 했다.

세 갈래로 나뉘어 귀환한 그의 군대는 카르마니아(Carmania)에 집결하였고 왕의 부재중에 있었던 모든 일을 보고하기 위해 각지의 부왕과 총독 그리고 장군들이 와서 그에게 문안인사를 올렸다. 여기서 그는 비로소 그동안의 어려움을 잊고 영광의 절정에서 잠시 휴식을 취할 수 있었다. 그가 페르시아 제2의 수도인 수사로 귀환한 것은 기원전 324년 2월이었다. 그는 광대한 페르시아 제국의 주인으로서 동방의 전제군주의 위치에 올라 있었다. 그의 근위 기병대에는 동방의 귀족이나 제후들이 편입되어 있었으며, 페르시아, 박트리아, 스키타이를 비롯한 동방 출신의 기병대가 서방의 군대와 함께 근무하고 있었다. 그는 이들에게 둘러싸여 어느 것에도 얽매이지 않고 동방의 주인으로 자유로이 행세할 수 있었다.

그는 다리우스의 정식 후계자로 나서기 위하여 다리우스의 장녀인 스타티라와 아르타크세륵세스 3세의 막내딸 파리사티스를 한꺼번에 아내로 맞이하였다. 뿐만 아니라 그는 자신의 부하들과 페르시아 여인들의 합동결혼식을 주선함으로써 동방과 서방을 맺는 새로운 혼혈 계급의 탄생을 창출하고자 하였다. 기원전 324년의 어느 봄 알렉산드로스의 결혼식이 있던 바로 그날에 90쌍 정도 되는 서방의 귀족 출신 장군들과 신분이 높은 페르시아 여인들의 결혼식이 동시에 이루어졌다. 하급 장교나 병사들도 한꺼번에 만 쌍에 육박하는 거대한 규모의 합동결혼식을 치렀다.

이러한 파격적인 합동결혼은 인류를 서로 대립하여 싸우는 두 개의 부류, 즉 그리스인과 이방인으로 나누었던 아리스토텔레스식의 생각을 알렉산드로스가 뛰어넘었음을 의미하였다. 그러나 그가 모든 인간에 대한 박애나 평등을 주장한 것은 아니었다. 그의 시도는 현실적인 정책에서 나온 것이었다. 그는 정복지의 여러 계층을 혈연을 통해 맺음으로써 자신이 정복한 세계의 모든 인류가 동질감을 가지고 스스로 그에게 복종하길 바랐던 것이다.

### 스스로 신이 되다

이제 알렉산드로스는 모든 자의 위에 군림하였고 영광의 절정에 서 있었다. 그는 동서양에 걸친 강력한 군대와 제국의 거대한 재력을 한 손에 쥐고 있는 위대한 정복 왕이었다. 알렉산드로스는 신들이 내린 과업을 성취한 초인적인 영웅으로서 암몬의 아들인 자신이 이미 신의 반열에 들어서 있음을 확신하였다. 이제 그는 자신이 제우스 암몬 신의 아들이며 신의 화신임을 인정할 것을 공식적으로 요구하는 사신을 모든 그리스의 도시 국가에 보냈다. 대다수의 그리스 국가가 그의 요망에 부응하여 그를 신으로 인정했다. 스파르타인들까지도 "만일 알렉산드로스가 그렇게 하고 싶다면 신이 되게 하자"라고 하면서 마지못해 동의하였다.

아테네는 강력한 정복자의 비위를 거스르지 않는 것이 현명할 것이라고 판단하였다. 데모스테네스는 조건부로 그의 제안을 받아들이자고 주장했던 반면 알렉산드로스에게 호의를 가진 데마데스는 그를 올림푸스의 13번째 신으로 인정하고 디오니소스 신의 화신으로 숭상할 것을 제안하였다.[19)]

숫양의 뿔을 달고 암몬 신의 모습을 한 알렉산드로스.

이처럼 아테네인들은 알렉산드로스의 신격화 문제를 가지고 논란을 벌였으나 다른 도시국가들은 군소리 없이 이를 인정했다. 아직도 과거의 자만심을 버리지 못한 아테네와는 달리, 그들은 알렉산드로스가 페르시아를 정복한 무적의 마케도니아 왕이요 바빌론과 이집트를 비롯한 세상의 모든 나라를 지배할 일인자임을 받아들였다.

# 알렉산드로스의 유산

## 영광의 절정에서

### 미지의 세계를 향하여

알렉산드로스의 제국은 안정을 구가하고 있었다. 그러나 그는 원정을 멈추지 않고 자신이 정복하지 않은 세계의 마지막 끝을 모두 탈환하려는 계획을 세우고 있었다. 그는 바닷길을 따라 아프리카를 동쪽에서 서쪽으로 돌아 지브롤터 해협을 지나 지중해로 돌아오려고 생각하였다. 그곳으로 진출하기 위해서는 당시 서부 지중해 최대최강의 세력이었던 카르타고와 맞닥뜨릴 수밖에 없었다. 그는 해전에서 카르타고를 분쇄하기 위해 천 척 정도의 군선을 건조할 것을 명령했다. 알렉산드로스는 이제 아테네가 세계의 중심이 되어야 한다는 생각에서도 벗어나고 있었다. 그는 이집트의 알렉산드리아를 서방의 미래 수도로 생각하고 있었으며 아테네보다 중요한 문화적 도시로 만들려 하고 있었다. 그의 목표는 세계의 정복이었으며 대 원정의 모든 계획은 순조롭게 준비되고 있었다.

## 죽음

기원전 323년 6월 새로운 원정의 출발만을 남겨놓고 있던 어느 날이었다. 알렉산드로스는 새로운 원정을 떠나기 앞서 밤새도록 주연을 열었다. 주연에서 그는 술을 매우 많이 마셨는데, 얼마 후 그는 갑자기 열이 나고 등이 찌르는 것 같은 고통을 느끼면서 이름 모를 열병에 걸리고 말았다. 고열은 멈추지 않고 12일 동안이나 계속되었다. 이 때문에 새로운 원정의 출발일도 연기되었다. 그 누구도 어떤 의사도 그의 병을 고치지 못했다. 정말로 갑작스럽게 계속된 고열로 그는 쇠약해졌으며 마지막 날 알렉산드로스는 거의 의식을 잃은 상태였다. 잠시 의식이 돌아왔을 때 그는 가장 신뢰하고 있던 장군 페르딕카스에게 자신의 옥새를 맡겼다. 그러나 후계자에 대한 물음에는 알아들을 수 없는 소리로 답을 하였다. 어떤 이는 그가 '크라티스토', 즉 '가장 강한 자에게'라고 말한 것이라 하나, 또 다른 이는 바르시네와의 사이에서 낳은 아들인 '헤라클레스'의 이름을 말했을 것이라고 추정한다. 마침내 알렉산드로스는 병마를 이기지 못하고 재위 13년째 되는 기원전 323년 6월 13일 죽음을 맞았다. 신의 아들이요, 위대한 정복 왕이었던 알렉산드로스는 자신의 원대한 계획을 끝까지 마무리하지 못한 채 33세의 젊은 나이에 세상을 떠났다.

헬레니즘 시기 알렉산드로스의 대리석 두상. 이집트에서 출토(그를 숭배하기 위한 의례에서 쓰인 것으로 추정된다). 문학에서는 흔히 긴 머리에 약간 기운 듯한 고개, 꿈꾸는 듯한 눈으로 하늘을 바라보는 알렉산드로스의 모습이 특징적으로 묘사되는데 이러한 분위기가 잘 표현되어 있다.

알렉산드로스는 역사 속의 모든 위대한 왕을 능가하고자 하였으며 헤라클레스나 아킬레우스가 초인적 삶을 통해 궁극적으로 신격화된 것처럼 그 자신도 신의 반열에 오르고자 하였다.[20] 새로운 세계를 정복하고자 하는 욕구에서 그는 때로 무모한 도전을 하기도 했고 그 때문에 많은 사람들을 사지(死地)에 몰아넣기도 했다. 정복의 모든 과정에서 그가 목숨에 연연해하지 않고 과감하게 위험에 뛰어든 것은 자신이 신의 아들이며 이 위대한 사업이 신들의 의지에 의해 수행되고 있다는 강력한 믿음 때문이었다. 그는 위대한 정복을 이룬 후에 살아 있는 자로서 스스로 신이 되고자 했다. 알렉산드로스의 이러한 바람처럼, 그가 죽은 뒤 후계자들이 자신들의 정통성 확보를 위해 알렉산드로스를 경쟁적으로 신격화하였다. 또, 그들의 이러한 관례가 헬레니즘 왕들에게 계승되면서 서양의 지배자 숭배 전통이 본격적인 궤도에 오르게 되었다.

## 알렉산드로스가 남긴 것

알렉산드로스가 위대한 이유는 단지 그가 거대한 제국을 정복하였다는 의미에서가 아니다. 그가 수행한 정복 전쟁의 파괴와 살상의 흔적에도 불구하고, 그는 당시 서양에서 문명 세계로 알려진 대부분의 지역을 통합하였을 뿐 아니라 헬레니즘이라는 새로운 문명의 탄생을 가능하게 하였다. 헬레니즘은 폐쇄적이고 자기 충족적인 그리스의 폴리스 문명이 동방의 문명과 만나 개방적이고 보편적인 문화로 탈바꿈한 새로운 문명의 조류였다.

그는 자신이 정복한 곳곳에 그리스식 도시인 알렉산드리아를 70여 개나 세운 것으로 알려져 있다. 이러한 도시는 수준 높은 그리스 문화가 동방의 문화와 만나는 새로운 산실이 되었다. 알렉산드로스의 군대에는 병사들 외에도 문관, 상인, 환전상, 신관, 배우, 악사, 노예, 창부 등 다양한 종류의 사람들이 따라다녔기 때문에 마치 하나의 그리스 도시가 이동하는 것과 같았다고 전한다. 그의 군대는 마케도니아인과 그리스인 외에도 각 정복지 출신의 용병대들이 왕의 친위대와 기병대에까지 편입되어 있었으며 기원전 4세기의 경제적 쇠퇴와 정치적 혼란에 시달리던 그리스인들이 새로운 세계로 진출하는 길을 열어주는 창구로서의 역할도 하였다.

알렉산드로스의 정복사업은 국제적인 문명의 교류를 가능하게 하였다. 그리스 문화는 페르시아를 건너 인도에서도 새로운 창조력을 발휘했으며 그가 개척한 육로와 해로를 통해 각 문명 세계들이 연결되었다. 원정로의 개척으로 동서 문화의 교류가 확대되면서 공식화폐로 아테네의 주화가 사용되고 아테네의 언어인 코이네가 국제어로 쓰였다. 또한 그는 동방적 요소를 배척하지 않고 도입했을 뿐만 아니라 더욱 적극적인 결혼정책을 통해서 자신이 정복한 세계의 모든 인류가 동질감을 가지고 살아가길 바랐다. 이러한 동서 융합정책은 자신이 넓혀놓은 세계의 활발한 문화교류를 촉진시켰으며 그로부터 탄생한 헬레니즘 문명은 새로운 역사발전의 원동력이 되었다.

헬레니즘과 그리스문화는 유럽뿐 아니라 근동문화의 토대가 되었다. 기독교와 마니교, 이슬람교라는 세 가지 위대한 종교는 헬레니즘 시대의 근동문화를 토대로 탄생한 것이었다. 헬레니즘 시대의 사상은 지중해에서 인더스 강에 이르는 지역 전체에 오랫동안 상당한 통합력으로 작용했다. 이러한 헬레니즘문명은 세계제국 로마로 유입되어 서양문명의 근간으로 뿌리내렸고 이후 역사 전반에 영향을 미치면서 오늘날까지도 서양문명의 핵심 요소로 자리 잡고 있다. 그가 남긴 전쟁의 부정적인 이미지에도 불구하고 그의 정복사업은 문명의 거대한 발전과 교류를 가능하게 하였으며 역사의 진보를 가능하게 하였다. 이러한 점에서 그의 원정은 세계사의 획기적인 사건이었다. 알렉산드로스는 진정 영웅이자 위대한 신의 아들이었다.

## 주

1) 창과 방패로 무장한 그리스식 밀집 방진대를 팔랑크스(Phalanx)라고 한다.
2) 에피루스는 알바니아 국경 부근의 산악지대에 위치하였다. 필리포스는 올림피아스가 14세 되던 해 사모트라키 섬에서 열린 신비 종교의 행사에서 그녀를 처음 보고 반했다고 한다.
3) 헤로도토스는 독이 없는 특정한 종류의 뱀을 암몬(Ammon; 이집트의 최고신, 그리스의 제우스와 동일시됨)의 성스러운 뱀이라고 기술하였다.
4) 마케도니아의 페르시아 침공을 중세 유럽 십자군의 아시아 침략에 비유한 것이다.
5) 신흥국가 마케도니아가 그리스 본토의 내분을 틈타 세력을 뻗치는 정세에 대항해서 반(反) 필리포스 연설인 '필리피카(Philippica)'로 유명하였다.
6) 아리스토텔레스는 기원전 384년 마케도니아의 수도 펠라에서 조금 떨어진 그리스 식민도시 스타게이로스(Stagiros)에서 태어났고 필리포스와도 잘 알고 지냈다.
7) 고대 그리스에서 신전과 그 제의(祭儀)를 지키기 위해 결성한 종교동맹. 인보동맹(隣保同盟)이라고도 한다.
8) 위치상으로 아테네는 엘라티아의 남동쪽으로 120km 떨어져 있었고 테베는 이 두 도시의 중간쯤에 있었다.
9) 병사들끼리 서로 연인을 두어 전장에서 우애와 자기희생정신을 발휘했던 것으로 유명한 테베의 정예군.
10) 퀴닉(Cynic) 학파란 희랍어의 퀴니코스(개와 같은)에서 나온 말이므로 그들을 견유(犬儒)학파라고도 칭한다. 그들은 세속적인 습관이나 형식 등을 무가치한 것이라 여기고 자연에 가까운 지극히 간소한 생활을 하였다.
11) 아시아와 유럽의 경계가 되는 지금의 보스포러스 해협.
12) 다리우스 3세(B.C. 336~330)는 페르시아 전쟁을 일으킨 다리우스 대왕(B.C. 522~486), 즉 다리우스 1세와는 다른 인물이다. 이 글에 나오는 다리우스는 모두 다리우스 3세를 지칭한다.

13) 페르시아군의 구성은 박트리아의 부왕 벳소스가 이끄는 군대를 비롯하여 인도, 스키타이, 파르티아, 메디아, 아르메니아, 메소포타미아, 바빌로니아, 시리아, 아라비아군을 비롯한 다수의 파견부대가 참가하고 있었다.

14) 디오도로스 시쿨루스(Diodoros Siculus, B.C. 90~). 고대 로마의 그리스계 역사가. 시칠리아 출신. 유럽·소아시아 각지를 여행한 끝에 B.C. 60~30년경 30년에 걸쳐 『역사문고 歷史文庫』라는 세계사 40권을 저술하였다.

15) 중앙아시아의 제라프샨 강 유역을 중심으로 하는 지역의 옛 이름. 대부분이 우즈베키스탄에 속하고 동쪽 일부가 타지키스탄에 속한다.

16) 프로스키네시스(proskynesis)라고 부르는 페르시아 고유의 예법으로서, 이들은 왕을 알현할 때 무릎을 꿇고 이마를 바닥에 대며 복종을 표시하였다. 그리스인들에게 있어 엎드려 절을 할 수 있는 대상은 오직 신뿐이었으며, 인간이 인간에게 무릎을 꿇고 절을 한다는 것은 노예나 야만인들이 하는 것으로 간주되었고 자유인에게는 매우 수치스러운 일로 생각되었다.

17) 에우리피데스(Euripides, B.C. 484?~). 고대 그리스 비극시인. 아테네 출생. 아이스킬로스·소포클레스와 함께 고대 그리스 3대 비극 시인으로 꼽힌다.

18) 지브롤터 해협을 말한다.

19) 디오니소스 신은 낙뢰(落雷)의 모양으로 인간의 여인을 찾아간 제우스 신의 아들이었다. 디오니소스 신의 성스러운 동물은 숫양이었는데 이는 이집트 암몬 신의 성스러운 동물이기도 하였다. 헤라의 박해를 받은 디오니소스는 이집트와 시리아를 거쳐 페르시아제국과 인도에까지 들어갔으며 그곳에서 주신(酒神)의 광연을 벌이면서 돌아왔는데 모두가 알렉산드로스의 행적과 유사한 면이 있다.

20) 로마 키지 가문의 부조에는 다음과 같은 말이 쓰여 있다. "나는 내 아버지 필리포스로 이어지는 신격화된 제우스의 손자 헤라클레스의 혈통을 따르고 있으며, 내 어머니 올림피아스로부터는 아킬레우스의 혈통을 이어받았다."

# 참고문헌

Arriagada Herrera, G., *The campaigns of Alexander*, Penguin Books, 1978.

Ashley, J. R., *The Macedonian Empire : the era of warfare under Philip II and Alexander the Great, 359–323 B.C.*, McFarland, 1998.

Bosworth, A. B, *A historical commentary on Arrian's History of Alexander*, Clarendon Press, 1998.

Briant, P, *Alexander the Great : man of action, man of spirit*, Harry N. Abrams, 1996.

Briant, P., 『알렉산더 대왕』, 시공사, 1996.

Curtius Rufus, *The history of Alexander*, Penguin Books, 1984.

Engels, D. W, *Alexander the Great and the logistics of the Macedonian army,* University of California Press, 1978.

Holt, F. L., *Alexander the Great and Bactria: the formation of a Greek frontier in central Asia,* New York, 1993.

O Brien, John Maxwell , *Alexander the Great: the invisible enemy : a biography,* Routledge, 1992.

Lane Fox, R., *The search for Alexander*, Book Sales, 1980.

Plutarch, *The Age of Alexander*, Penguin, 1973.

Robinson C. A., *History of Alexander the Great*, Periodicals Service Co., 1953.

Tarn W. W., *Alexander the Great*, Beacon Press, 1962.

Weigall, A., *Alexander the Great*, 1931.

Wilcken, U., *Alexander the Great,* Norton, 1967.

Wood, M., 『알렉산드로스 침략자 혹은 제왕』, 중앙M&B, 2002.

# 알렉산드로스 헬레니즘 문명의 전파

| | |
|---|---|
| 펴낸날 | 초판 1쇄 2004년 7월 30일 |
| | 초판 3쇄 2014년 12월 10일 |
| 지은이 | 조현미 |
| 펴낸이 | 심만수 |
| 펴낸곳 | (주)살림출판사 |
| 출판등록 | 1989년 11월 1일 제9-210호 |
| 주소 | 경기도 파주시 광인사길 30 |
| 전화 | 031-955-1350 팩스 031-624-1356 |
| 기획 · 편집 | 031-955-4671 |
| 홈페이지 | http://www.sallimbooks.com |
| 이메일 | book@sallimbooks.com |
| ISBN | 978-89-522-0273-4 04080 |

※ 값은 뒤표지에 있습니다.

※ 잘못 만들어진 책은 구입하신 서점에서 바꾸어 드립니다.

## 085 책과 세계

강유원(철학자)

책이라는 텍스트는 본래 세계라는 맥락에서 생겨났다. 인류가 남긴 고전의 중요성은 바로 우리가 가 볼 수 없는 세계를 글자라는 매개를 통해서 우리에게 생생하게 전해 주는 것이다. 이 책은 역사라는 시간과 지상이라고 하는 공간 속에 나타났던 텍스트를 통해 고전에 담겨진 사회와 사상을 드러내려 한다.

## 056 중국의 고구려사 왜곡

eBook

최광식(고려대 한국사학과 교수)

중국의 고구려사 왜곡의 숨은 의도와 논리, 그리고 우리의 대응 방안을 다뤘다. 저자는 동북공정이 국가 차원에서 진행되는 정치적 프로젝트임을 치밀하게 증언한다. 경제적 목적과 영토 확장의 이해관계 등이 복잡하게 얽혀 있는 동북공정의 진정한 배경에 대한 설명, 고구려의 역사적 정체성에 대한 문제, 고구려사 왜곡에 대한 우리의 대처방법 등이 소개된다.

## 291 프랑스 혁명

eBook

서정복(충남대 사학과 교수)

프랑스 혁명은 시민혁명의 모델이자 근대 시민국가 탄생의 상징이지만, 그 실상을 아는 사람은 많지 않다. 프랑스 혁명이 바스티유 습격 이전에 이미 시작되었으며, 자유와 평등 그리고 공화정의 꽃을 피기 위해 너무 많은 피를 흘렸고, 혁명의 과정에서 해방과 공포가 엇갈리고 있었다는 등의 이야기를 통해 프랑스 혁명의 실상을 소개한다.

## 139 신용하 교수의 독도 이야기

eBook

신용하(백범학술원 원장)

사학계의 원로이자 독도 관련 연구의 대가인 신용하 교수가 일본의 독도 영토 편입문제를 걱정하며 일반 독자가 읽기 쉽게 쓴 책. 저자는 역사적으로나 국제법상으로 실효적 점유상으로나, 어느 측면에서 보아도 독도는 명백하게 우리 땅이라고 주장하며 여러 가지 역사적인 자료를 제시한다.

## 144 페르시아 문화

eBook

신규섭(한국외대 연구교수)

인류 최초 문명의 뿌리에서 뻗어 나와 아랍을 넘어 중국, 인도와 파키스탄, 심지어 그리스에까지 흔적을 남긴 페르시아 문화에 대한 개론서. 이 책은 오랫동안 베일에 가려 있던 페르시아 문명을 소개하여 이슬람에 대한 편견과 오해를 바로 잡는다. 이태백이 이란계였다는 사실, 돈황과 서역, 이란의 현대 문화 등이 서술된다.

## 086 유럽왕실의 탄생

김현수(단국대 역사학과 교수)

인류에게 '예술과 문명' 그리고 '근대와 국가'라는 개념을 선사한 유럽왕실. 유럽왕실의 탄생배경과 그 정체성은 무엇인가? 이 책은 게르만의 한 종족인 프랑크족과 메로빙거 왕조, 프랑스의 카페 왕조, 독일의 작센 왕조, 잉글랜드의 웨섹스 왕조 등 수많은 왕조의 출현과 쇠퇴를 통해 유럽 역사의 변천을 소개한다.

## 016 이슬람 문화

이희수(한양대 문화인류학과 교수)

이슬람교와 무슬림의 삶, 테러와 팔레스타인 문제 등 이슬람 문화 전반을 다룬 책. 저자는 그들의 멋과 가치관을 흥미롭게 설명하면서 한편으로 오해와 편견에 사로잡혀 있던 시각의 일대 전환을 요구한다. 이슬람교와 기독교의 관계, 무슬림의 삶과 낭만, 이슬람 원리주의와 지하드의 실상, 팔레스타인 분할 과정 등의 내용이 소개된다.

## 100 여행 이야기

eBook

이진홍(한국외대 강사)

이 책은 여행의 본질 위를 '길거리의 철학자'처럼 편안하게 소요한다. 먼저 여행의 역사를 더듬어 봄으로써 여행이 어떻게 인류 역사의 형성과 같이해 왔는지를 생각하고, 다음으로 여행의 사회학적 · 심리학적 의미를 추적함으로써 여행에 어떤 의미를 부여할 것인가에 대해 말한다. 또한 우리의 내면과 여행의 관계 정의를 시도한다.

## 293 문화대혁명 중국 현대사의 트라우마

eBook

백승욱(중앙대 사회학과 교수)

중국의 문화대혁명은 한두 줄의 정부 공식 입장을 통해 정리될 수 없는 중대한 사건이다. 20세기 중국의 모든 모순은 사실 문화대혁명 시기에 집약되어 있다고 해도 과언이 아니다. 사회주의 시기의 국가 · 당 · 대중의 모순이라는 문제의 복판에서 문화대혁명을 다시 읽을 필요가 있는 지금, 이 책은 문화대혁명에 대한 안내자가 될 것이다.

## 174 정치의 원형을 찾아서

eBook

최자영(부산외국어대학교 HK교수)

인류가 걸어온 모든 정치체제들을 매우 짧은 기간 동안 시험하고 정비한 나라, 그리스. 이 책은 과두정, 민주정, 참주정 등 고대 그리스의 정치사를 추적하고, 정치가들의 파란만장한 일화 등을 소개하고 있다. 특히 이 책의 저자는 아테네인들이 추구했던 정치방법이 오늘 우리 사회가 당면한 문제를 해결할 수 있는 지혜의 발견에 도움을 줄 수 있을 것이라고 말한다.

## 420 위대한 도서관 건축순례

eBook

최정태(부산대학교 명예교수)

이 책은 도서관의 건축을 중심으로 다룬 일종의 기행문이다. 고대 도서관에서부터 21세기에 완공된 최첨단 도서관까지, 필자는 가능한 많은 도서관을 직접 찾아보려고 애썼다. 미처 방문하지 못한 도서관에 대해서는 문헌과 그림 등 가능한 많은 정보를 수집하려 노력했다. 필자의 단상들을 함께 읽는 동안 우리 사회에서 도서관이 차지하는 의미에 대해 다시 생각하게 된다.

## 421 아름다운 도서관 오디세이

eBook

최정태(부산대학교 명예교수)

이 책은 문헌정보학과에서 자료 조직을 공부하고 평생을 도서관에 몸담았던 한 도서관 애찬가의 고백이다. 필자는 퇴임 후 지금까지 도서관을 돌아다니면서 직접 보고 배운 것이 40여 년 동안 강단과 현장에서 보고 얻은 이야기보다 훨씬 많았다고 말한다. '세계 도서관 여행 가이드'라 불러도 손색없을 만큼 풍부하고 다채로운 내용이 이 한 권에 담겼다.

eBook 표시가 되어있는 도서는 전자책으로 구매가 가능합니다.

㈜살림출판사
www.sallimbooks.com
주소 경기도 파주시 문발동 522-1 | 전화 031-955-1350 | 팩스 031-955-1355